Paris
Die Großen Projekte

Edition Axel Menges

Paris
Die Großen Projekte

Paulhans Peters

Ernst & Sohn

Dank gebührt Herrn Emile-J. Biasini, Staatssekretär für die Großen Projekte, dessen Initiative dieses Buch erst ermöglichte.
Realisiert wurde es unter Mitwirkung von Catherine Buard, zuständig für Kommunikation im Staatssekretariat für die Großen Projekte, das die französische Teilnahme koordiniert hat, und von Hanns Schmeissner für den deutschen Teil. Brigitte Lebhar war für die Bildbeschaffung verantwortlich.
Auch jenen Architekten gebührt Dank, die freundlicherweise ihre Unterlagen zur Verfügung stellten, ohne die ihre Arbeiten in diesem Werk nicht hätten dargestellt werden können: Paul Chemetov und Borja Huidobro, Adrien Fainsilber, Michel Macary, Ieoh Ming Pei, Dominique Perrault, Christian de Portzamparc, Francis Soler, Bernard Tschumi und Jean-Michel Wilmotte.

ISBN 3-433-02391-3 (Buchhandelsausgabe)
ISBN 3-433-02390-5 (Katalogausgabe)

Reproduktionen: Hang Ngai Graphic Arts Co., Ltd., Hongkong, und Repro GmbH Fellbach, Fellbach
Satz und Druck: Druckhaus Münster GmbH, Kornwestheim
Bindearbeiten: Buchbinderei Dieringer, Gerlingen

Gestaltung: Helga Danz

Umschlagbild: Le Grand Louvre (Foto Serge Hambourg)

Inhalt

Geleitwort

Jedermann Zugang zu den Leistungen und zum Wissen von gestern und heute zu ermöglichen, ist das ehrgeizige Ziel der Großen Projekte. Vergangenheit lebendig zu erhalten, heißt nicht nur bewahren, sondern das, was einmal war, aus heutiger Sicht auch zu befragen.

Dies bedeutet, daß die neu geordneten Sammlungen des Louvre und des Orsay, die Inszenierungen der Opéra de la Bastille und demnächst die Bücher der Bibliothèque de France für alle leichter zugänglich sein werden. Die Gegenwart zu erleben, heißt aber auch, jedem die Möglichkeit zu geben, seinen Platz in der Zeit zu finden: sowohl in der Entwicklung der Lebewesen, wozu die Wiedereröffnung der Grande Galerie des Muséum National d'Histoire Naturelle beitragen wird, das gleichzeitig mit der Übergabe seiner Sammlungen auch der Öffentlichkeit Zugang zum aktuellen Stand der Forschung ermöglicht, als auch bei den Umwälzungen in Wissenschaft und Technik, dem Thema von »La Villette«, das uns zeigt, wie diese – von der Entdeckung bis zu jüngsten Anwendungsformen – unser tägliches Leben prägen und immerfort der Zukunft einen Weg bereiten, sowie auch im Dialog der Kulturen, zu dem das Institut du Monde Arabe einlädt.

Mit Architektur darf nicht leichtfertig umgegangen werden, auch nicht mit Urbanismus, wenn man mit Begeisterung – und dies ist wesentlich – gleichzeitig neu einrichten, schmücken und Sinn geben will. Zurückhaltender und zugleich mit ihrer Bestätigung für die öffentliche Nutzung wurden die Großen Projekte zu neuen Wahrzeichen in der Stadt. Hier mit der betonten Perspektive, die die Stadt mit der Grande Arche de la Défense über sich selbst hinaus öffnet. Dort unterstreichen neue Einrichtungen die kühne Ost-West-Achse, die schon bald durch die Bibliothèque de France noch verstärkt wird. Und schließlich im Norden: Hier bestätigt »La Villette«, daß es keine Zukunft gibt, wenn man das einfache, fleißige Paris von früher und heute vergißt.

François Mitterrand

Zu den Großen Projekten

Schon zu Beginn seiner ersten siebenjährigen Amtszeit beschloß der Präsident der Republik, eine Reihe von Projekten auf den Weg zu bringen, um bestimmte ehrwürdige, jetzt überalterte Institutionen der heutigen Zeit anzupassen. Das bezog sich auf Einrichtungen wie den Louvre, die Oper, das Conservatoire de Musique und die Musées de l'Education Nationale, die zwar alle hohes Ansehen genossen, jedoch einem stets wachsenden Publikum nur noch bedingt gerecht werden konnten. Weiterhin waren es neue Themenbereiche, für die das Spektrum großer kultureller Institutionen zu erweitern war, wie das Institut du Monde Arabe und die Cité des Sciences et de l'Industrie.
So entstanden die großen Bauvorhaben des Präsidenten, der sich laufend nach ihrem Fortschritt erkundigte und ihnen seine persönliche Aufmerksamkeit schenkte. Die Polemiken waren gerade zu Ende, als schon die ersten Ergebnisse sichtbar wurden. Dem nach Neuem dürstenden Publikum öffneten sich ab 1986 die Pforten für das Museum des 19. Jahrhunderts in der früheren Gare d'Orsay, die Cité des Sciences in »La Villette«, das Institut du Monde Arabe, den ersten Teil des neugestalteten Louvre mit seiner Pyramide, die Arche de la Défense, die Opéra de la Bastille und das neue Finanzministerium, dessen Errichtung in Bercy ja eine unmittelbare Konsequenz der Entscheidung war, den Louvre ausschließlich als Museum zu nutzen.
In seiner zweiten Amtszeit schuf François Mitterrand ein spezielles Secrétariat d'Etat, um das Programm der Großen Projekte zu konsolidieren und um ein wichtiges Element zu erweitern: eine Bibliothek mit völlig neuem Konzept, deren Aufgabe sein soll, »alle Wissensgebiete abzudecken, allen Interessierten offenzustehen, mit modernsten Technologien für die Datenübermittlungen ausgestattet zu sein, automatische Fernsuchläufe zu haben und zu anderen Bibliotheken in Europa enge Kontakte zu pflegen«.
Neben dieses Prestigeobjekt stellte der Präsident das Internationale Konferenzzentrum, das Paris notwendig brauchte, um sich seinen Rang als Metropole der Diplomatie zu sichern, sowie die Renovierung der Museen, die dem Erziehungsministerium unterstehen: Muséum National d'Histoire Naturelle, Conservatoire National des Arts et Métiers, Palais de la Découverte, Musée de l'Homme, von denen die beiden ersten durch die Revolution (1793), die anderen durch die Volksfront (1936) eingerichtet wurden.
Zu diesen neuen Aufgaben kommt noch der Abschluß der Umgestaltung des Grand Louvre, der für 1995 vorgesehen ist. Die vollständige Restaurierung des ehemaligen Palastes hat ein Gebäude zum Ziel, das den Anforderungen an ein modernes Museum in idealer Weise gerecht wird.
Zehn Jahre nach dem Start zu diesen Projekten zweifelt keiner mehr ihre Ausstrahlung und Wirkung auf das Architekturgeschehen an.
Begabte Architekten haben hier Bauten realisiert, die zu bedeutenden architektonischen Zeitzeugen wurden.
Als soziale und universelle Kunst kennt die Architektur keine Grenzen. Das einzige Buch, das länger als die Kulturen bestehen wird, haben die Architekten geschrieben. Wenn die Kulturen verlöschen, bleiben ihre Meisterwerke wie Leuchtzeichen vergangener Jahrhunderte bestehen.
Und es ist gut, daß ihr zeitgemäßer Ausdruck jene Universalität anstrebt und daß er dazu beiträgt, daß die Grenzen verschwinden.
Wir in Frankreich haben Wert darauf gelegt, daß die Großen Projekte im Wettbewerb von Architekten aller Länder entstehen konnten. Wenn sie viel über unsere Geschichte und die Renaissance unserer Nation aussagen, unterstreicht dies unser Vertrauen in die Zukunft, un-

seren Willen, auf geistige Errungenschaften zu setzen, und unsere Überzeugung, daß unser Land viel zu dem bedeutenden Projekt eines geeinten Europas beitragen kann, das unseren Völkern ein gemeinsames Ziel setzt.
Die deutschen Städte, die die Ausstellung »Paris – Die Großen Projekte« beherbergen, nehmen Frankreich als Partnerland auf und bestätigen damit die immer enger werdende Verbindung unserer beiden Länder. Sie schreiten auf jenem Weg weiter, auf dem die Großen Projekte Zeichen setzen, die der Zeit und den Grenzen trotzen.

Emile-J. Biasini
Staatssekretär, Beauftragter für die Großen Projekte

1 La Grande Arche
2 Musée de l'Homme
3 Centre de Conférences Internationales de Paris
4 Palais de la Découverte
5 Le Musée d'Orsay
6 Le Grand Louvre
7 Musée National des Techniques
8 L'Institut du Monde Arabe
9 Muséum National d'Histoire Naturelle
10 L'Opéra de la Bastille
11 Le Ministère des Finances
12 La Bibliothèque de France
13 »La Villette«
La Cité des Sciences et de l'Industrie
La Cité de la Musique
La Grande Halle
Le Zénith

1
2
3
4
5
6
7
8
9
10
11
12
13

La Grande Arche

»Ein offener Kubus,
Ein Fenster zur Welt,
Wie ein vorübergehendes großes Finale für den Weg,
Mit einem Blick in die Zukunft.
Es ist ein moderner ›arc de triomphe‹,
Der den Triumph der Menschlichkeit feiert,
Hoffnungssymbol für die Zukunft,
Daß sich alle Menschen treffen, wie sie es mögen ...

Wenn man sich diesem Bogen nähert, entpuppt er
sich als ein großer gedeckter Platz, auf dem man sich
unter die Leute mischen kann ...«

Das sind einige Sätze aus dem Erläuterungsbericht des dänischen Architekten Johan Otto von Spreckelsen zu seinem Wettbewerbsentwurf, den er im März 1983 einreichte.

Die Geschichte der Défense

Damit man die architektonische Idee besser versteht, muß man La Défense näher erläutern.
Um der Gefahr zu entgehen, das Innere von Paris mit Hochhäusern weiterhin irreparabel zu zerstören, andererseits aber den Forderungen nach mehr Bürofläche zu entsprechen, entstand die Idee einer Entlastungsbürostadt im Westen der Innenstadt. Tour Maine-Montparnasse, das mit Hochhaus und Zylinderbau alles sprengende Rundfunkgebäude, auch das wie eine Festung wirkende Quartier Front de Seine und schließlich die Überbauung des Ilot Riquet waren Anlaß, über Hochhäuser im Stadtinnern neu nachzudenken.
In der Verlängerung der Achse Louvre–Arc de Triomphe gab es jenseits der Seine und der Place de la Défense ein heruntergekommenes Quartier.
Ein Stadterweiterungsplan von 1958 sah vor, auf dieser Fläche, nachdem man die Bewohner in neue, teilweise unmittelbar anschließende Quartiere umgesiedelt hatte, ein ganz modernes Quartier zu errichten, das gemäß der damaligen Vorstellung von Stadtplanung durch die räumliche Trennung aller Funktionen bestimmt sein sollte. Individual- und Schienenverkehr führte man zum Teil unterirdisch und legte über alles eine riesige Plattform – »la dalle« – von etwa 1,4 km Länge und über 100 m Breite.
An sie dockten die Bürohochhäuser, meist Manhattan-style, jedoch ohne architektonisches Ordnungskonzept, an. Für die westliche Spitze, eben »la tête«, wurden die unterschiedlichsten Entwürfe gemacht. Auch Pei hatte in den siebziger Jahren einen Vorschlag eingereicht. Doch nichts fand Zustimmung.
Dann entschloß sich Präsident Mitterrand 1982, diese Bauaufgabe durch einen Wettbewerb zu lösen; dessen Ziel war »Ausfluchtung und Markierung der Historischen Achse durch ein wichtiges monumentales Bauwerk«. Also nach Louvre und Triumphbogen der dritte Fixpunkt einer Ordnungsfigur für die Stadt.

Der Wettbewerb

Im April 1983 wurde aus den 424 Einsendungen von Spreckelsens Arbeit für die Ausführung bestimmt. Sein Wettbewerbsentwurf und der realisierte Bau sind fast identisch: Ein mathematisch fast genauer Würfel mit 110 m Höhe und waagerechter Kantenlänge von 106 m steht auf einem dreigeschossigen Sockel, zu dem auf Ost- und Westseite Freitreppen in ganzer Breite hinaufführen. Die etwa 19 m dicken Nord- und Südseiten des Kubus sollen Büros aufnehmen, 35 Geschosse hoch.
Auf der Plattform und auf Nord- und Südseite der angrenzenden Platte sollte es Bereiche geben, die unter großen Glassegeln für mannigfaltige Aktivitäten Platz boten. Von Spreckelsen: »Zwischen lebenden Pflanzen und kleinen Wasserspielen kann man sich ausruhen, eine Tasse Kaffee trinken, plaudern, spielen, promenieren, sich die Gegend anschauen ...«
Auf dem Dach sollte es einen Garten und ein Restaurant geben. Im Sockel würde das Begegnungszentrum »Carrefour International de la Communication« seinen Platz finden.

Die Grande Arche als Tor zum Westen, im Hintergrund die Historische Achse, in der noch der Triumphbogen erkennbar ist.

Ideenskizze für den Wettbewerb. Johan Otto von Spreckelsen wollte seinen Bau von leichten Segelflächen begleitet haben, die eine neue Maßstäblichkeit erzeugt und zu den schon stehenden Großbauten eine harmonische Überleitung geschaffen hätten.
Rechte Seite: Der Bau von der großen Platte aus gesehen.

Das war zu Beginn der Planung der symbolische Inhalt dieses Bauwerks. Dieses und die Glassegel fielen aber den neuen politischen Konstellationen nach den Wahlen im März 1986 zum Opfer. Erhalten blieb die Idee der Panorama-Aufzüge, frei im Kubus untergebracht, um Touristen und Kongreßteilnehmer auf das Dach und in die in der Dachkonstruktion untergebrachten Konferenzsäle zu transportieren, ohne daß der Bürobetrieb in den beiden Scheiben gestört würde. Die Bürogrundrisse ähneln denen aller scheibenförmigen Bürohochhäuser. Eigentlich sind sie nur Füllsel der beiden Scheiben, die mit dem sie verbindenden Dach das Symbol darstellen.

Die Realisierung

Um den Würfel zu bauen, mußte er um 6°30' gegen die Historische Achse gedreht werden, weil nur so die Fundamente zwischen den Schienen und Straßen im Untergrund Platz fanden.

Die Tragkonstruktion ist ein großes Tor aus vorgespanntem Stahlbeton. Es besteht aus je 4 gebäudehohen Rahmen, die wie Leitern die ganze Tiefe einer Scheibe einnehmen und deren Quersprossen die Stockwerksdecken tragen. Diese »Leitern« sind oben durch eine ähnliche Konstruktion miteinander verbunden, in der die Konferenzsäle untergebracht sind. Hier liegt auch die Stabilisierung gegen den Windangriff.

Die Gebäudekanten sind nach innen um 45° abgeschrägt (die Treppen sind flacher, wirken aber genau so schräg), um den Torcharakter und auch die angestrebte Abstraktion zu erhöhen. Diese Innenflächen sind glatt und mit weißem Carrara-Marmor verkleidet. Die

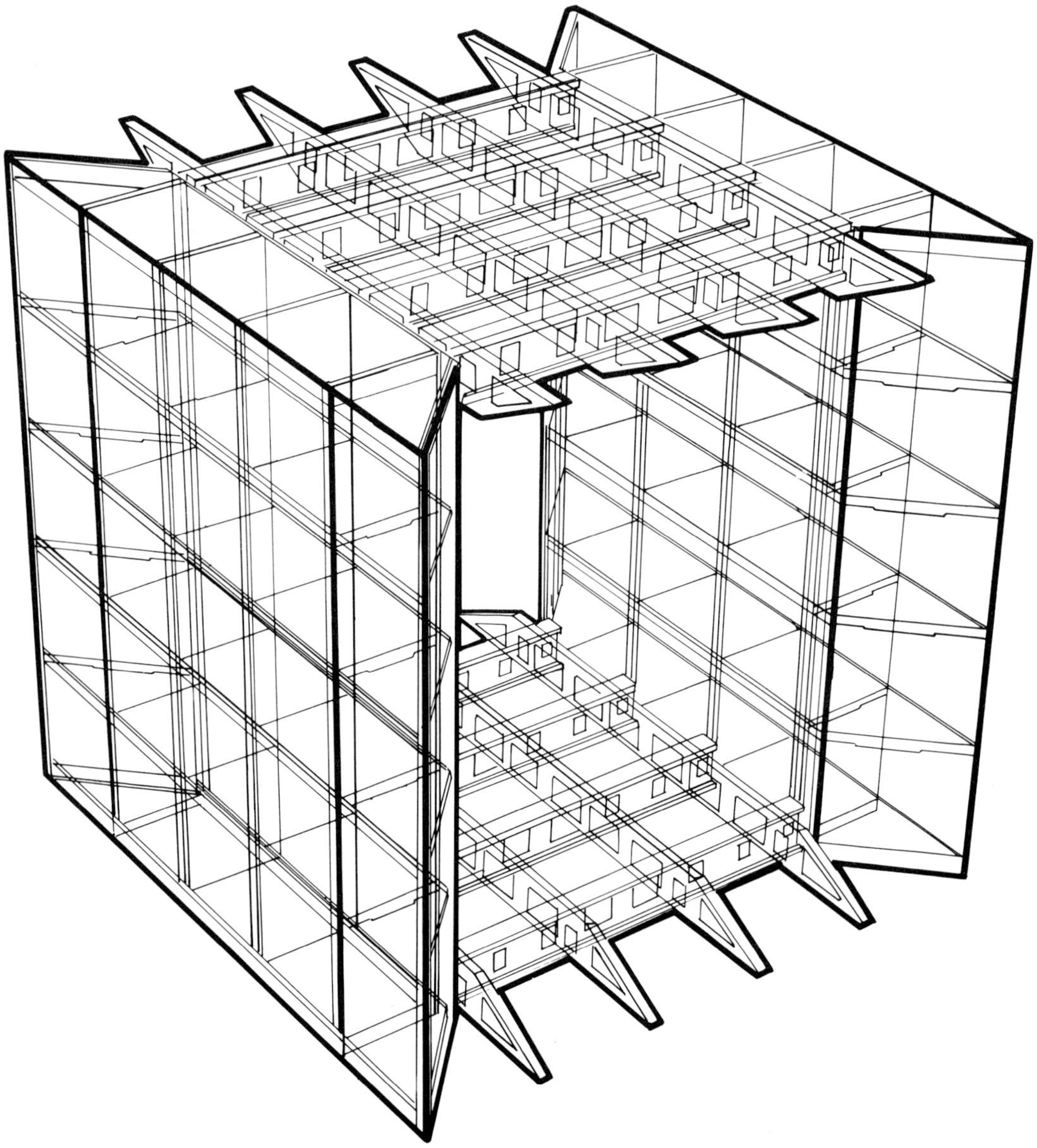

Das Konstruktionsprinzip des Gebäudes ist so elementar wie seine kubische Form. Am fertigen Bau, dessen Außenflächen mit exakt hergestellten Elementen geschlossen sind, bleibt davon nur ein feines Liniennetz übrig.

Fensterseiten dagegen sind stark strukturiert: Die quadratischen Fenster sitzen in zurückspringenden pyramidenförmigen Nischen und sind in der Höhe in Zonen von sieben Geschossen aufgeteilt.
In der Vertikalen zeichnen sich die Leiterstützen (konstruktiv sind es Vierendeelträger) als abgeschlossene Bänder ab. Alles ist mit dem gleichen weißen Marmor verkleidet.
Die Außenseiten haben zusätzlich eine wandhohe feste Außenverglasung, die sie glatt wie Wolkenkratzer der sechziger Jahre erscheinen läßt. Die Verkleidung der geschlossenen Flächen sind graue Marmorplatten.
Aus von Spreckelsens Glassegeln wurde eine nur auf den Kubus beschränkte »Wolke« aus ockerfarbenen Kunststoffsegeln, die den zentralen Zugang zum Sockel überdachen und im übrigen versuchen, den maßstablosen Hohlraum, den der Kubus umschließt, für Menschen erfaßbar zu machen. Die seitlich vorgesehenen Glassegel fielen der neuen Konzeption zum Opfer und sind durch die Büroanbauten »Collines« ersetzt, die der Platte an ihrem Westabschluß eine klarere Begrenzung geben, als es die Glassegel getan haben würden.
Die Fertigstellung des Baues hat von Spreckelsen nicht mehr erlebt. Er starb am 16. 3. 1987, und es war eine glückliche Fügung, daß er nach Übernahme des Auftrags Paul Andreu von der Planungsabteilung der Pariser Flughäfen zu seinem Partner gemacht hatte.
Die Wandlungen auch in der Funktion dieses wichtigen Bauwerks von symbolhaften zu kommerziellen Nutzungen sind am Äußeren des Gebäudes spurlos vorübergegangen. Es fällt nur auf, daß die Mehrzahl seiner Besucher Touristengruppen sind, die diese Attraktion nicht versäumen wollen. Die hier Beschäftigten gelangen direkt von der Metro ins Gebäude.
Die Wandlung in ihrer städtebaulichen Wirkung, die der Grande Arche aber noch bevorsteht, rührt von einem neuen Projekt. Nur einen Steinwurf nach Nordwesten von ihr entfernt soll nach dem Entwurf von Jean Nouvel (dem Architekten des Institut du Monde Arabe) ein Wolkenkratzer von ca. 460 m Höhe und 40 m Breite gebaut werden, jedoch außerhalb der Historischen Achse. Damit würde die städtebauliche Ordnung, mag sie noch so pathetisch gedacht sein, in einen Catcher Fight à la Manhattan versinken. Aber es wäre nur die Konsequenz aus dieser 1950 gefällten städtebaulichen Entscheidung und dem ersten hier errichteten Bau, der über dreieckigem Grundriß errichteten Ausstellungshalle C. N. I. T. (1956–58).
Wer in die Zukunft der Metropole Paris blickt, kann aber in der Défense – und auch in ihrer heutigen, antiurbanen Konzeption – einen Schritt weg von der traditionellen Stadt sehen, deren Grenzen und Kapazität längst erreicht sind, hin zu neuen städtebaulichen Schwerpunkten, die schon wieder Teil einer ständig wachsenden Region sind, die aber auch Paris heißt.
Hier ist nicht die Absurdität des kurz vor der Fertigstellung stehenden Disneyland in der Banlieue gemeint, sondern das konkrete Projekt einer neuen Défense, wieder in der Historischen Achse – die nur noch sentimentale Bedeutung haben wird – fünf Kilometer von der heutigen in gerader Verlängerung nach Westen. Und nur in der schnellen Fahrt erlebbar.
Dann würde von Spreckelsens Wettbewerbserläuterung zu seinem Entwurf als nur »vorübergehendes großes Finale (...) mit einem Blick in die Zukunft« eine neue Bedeutung erfahren.

Statt von Spreckelsens Segeln zu beiden Seiten der Grande Arche stehen nun mehrgeschossige Bürobauten. Der rund 460-Meter-Turm wird ungefähr in der linken unteren Bildecke errichtet.

Axonometrie von Südosten. Der Plattenbelag, in der Historischen Achse verlegt, zeigt die Abweichung der Grande Arche davon, die jedoch nicht auffällt. Wer auf dieser künstlichen Ebene steht, fühlt sich losgelöst von der Stadt und versetzt in eine fast unwirkliche Welt.

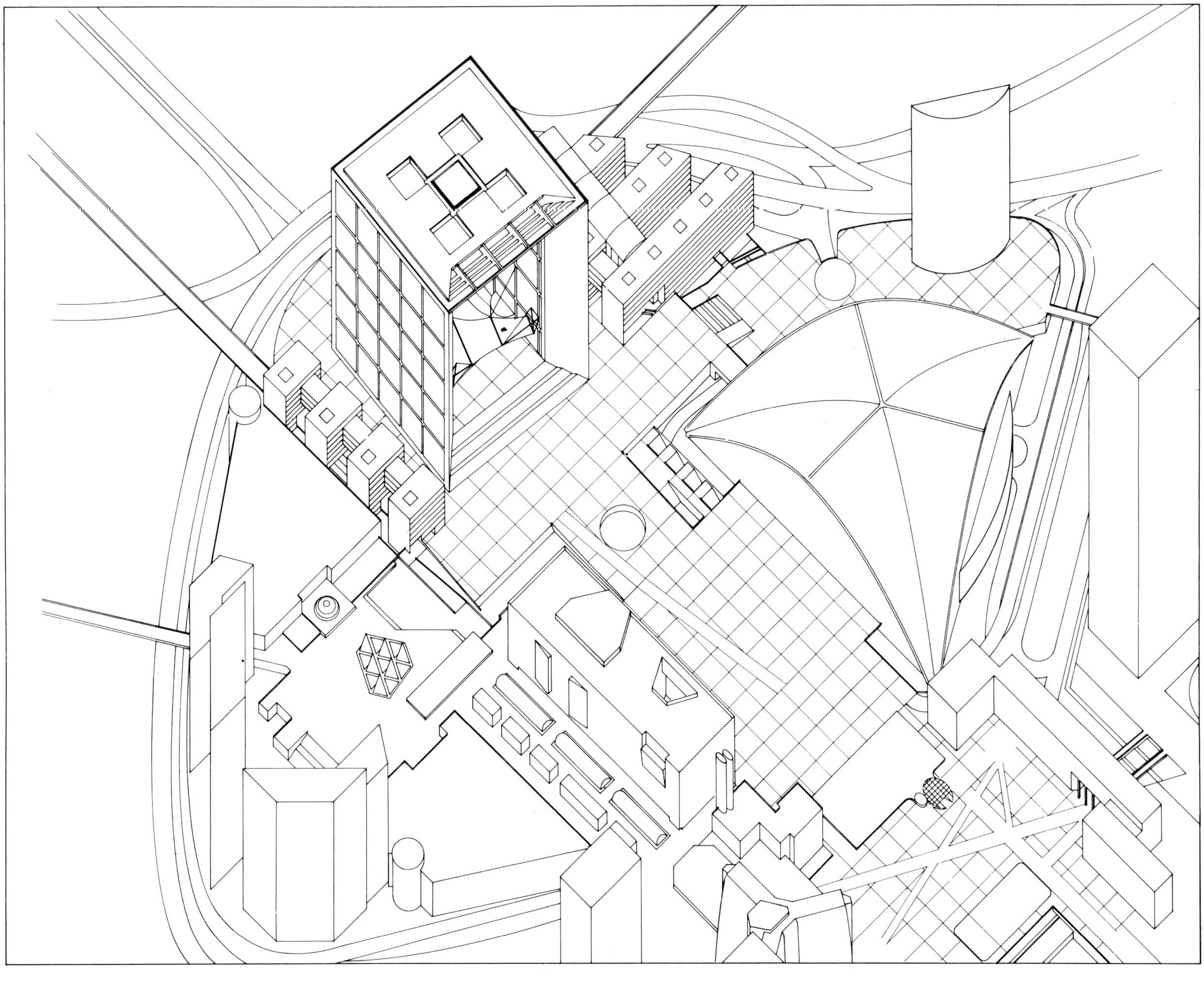

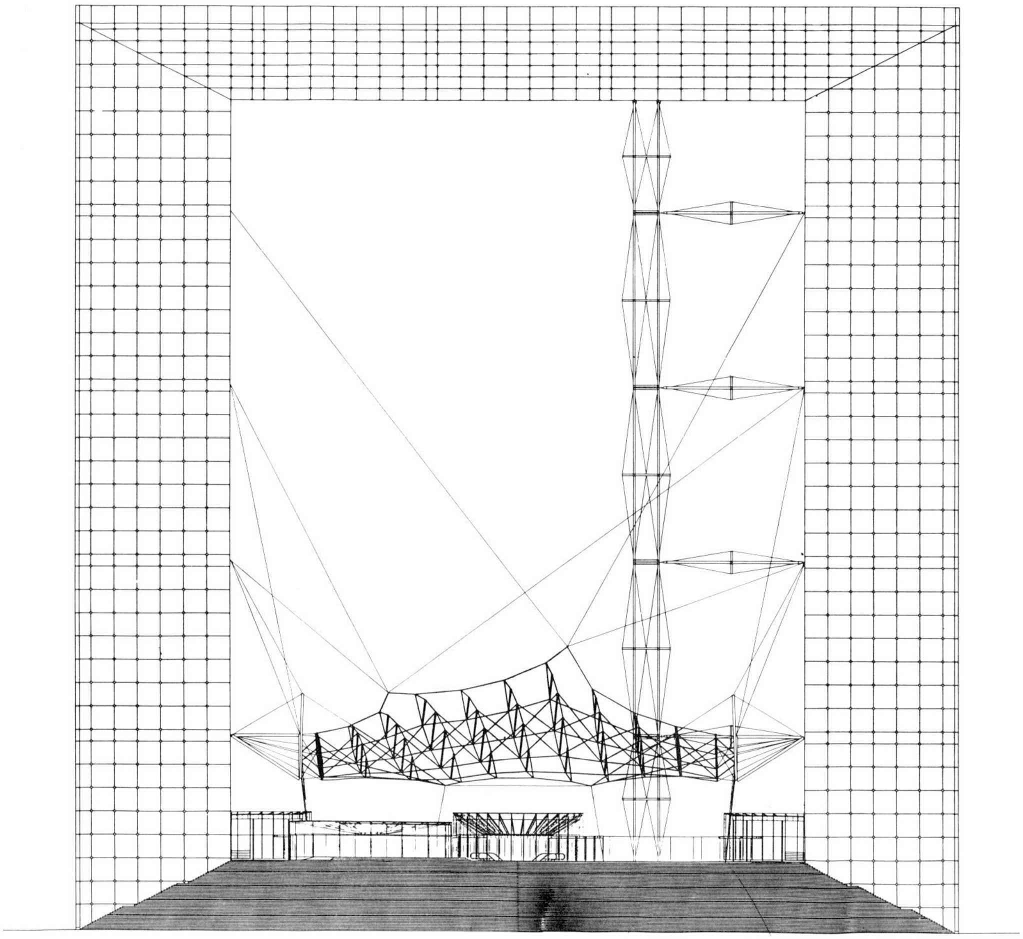

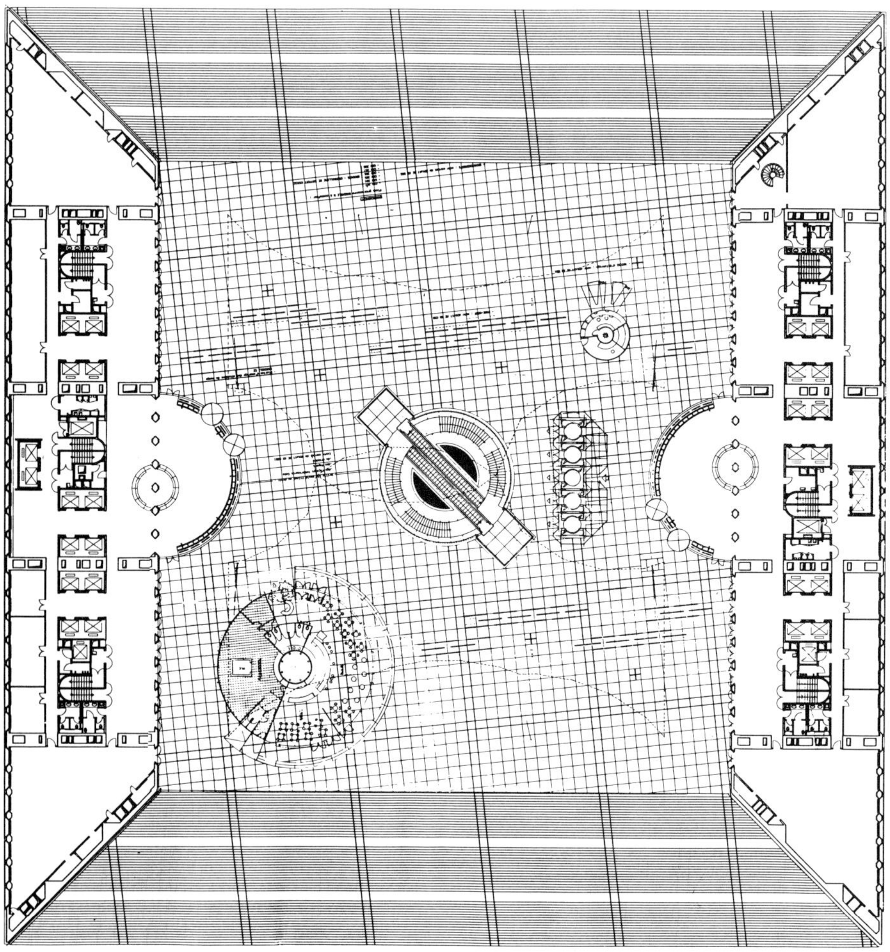

Oben Westansicht mit den endgültigen Entwürfen für die Segel- und Aufzugskonstruktion. Architekten: ADP, P. Andreu, F. Deslaugiers.
Unten Grundriß der Haupteingangsebene. Auch hier ist der Plattenbelag parallel zur Historischen Achse verlegt.
Das Foto rechts verrät etwas von der ungeheuer leichten Aufzugkonstruktion, die sich nur an wenigen Stellen an der Südseite des Bauwerkes abstützt.

Der Vergleich zwischen der ursprünglichen Wettbewerbsidee und der Ausführung, also der Zeichnung von Spreckelsens und der Realität, zeigt, daß vieles realisiert worden ist, obwohl von Spreckelsen über der Verwirklichung starb.

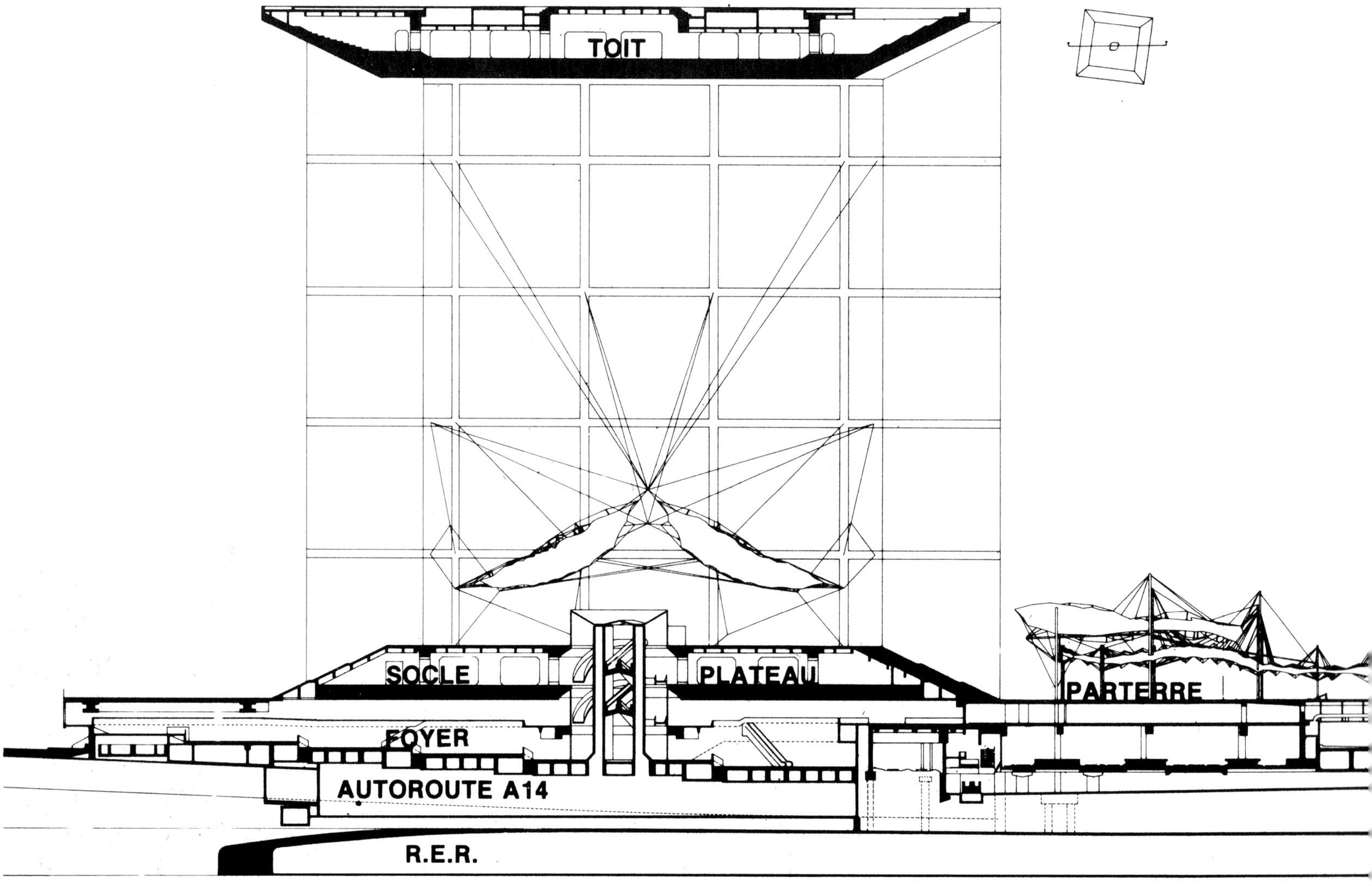

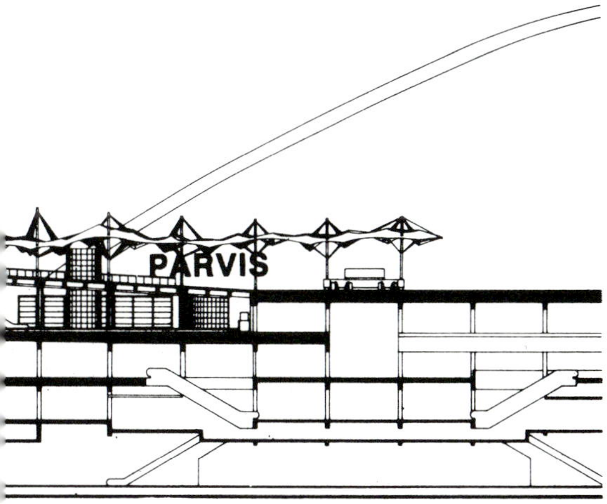
PARVIS

Die Gegenüberstellung der stark plastischen Innenseite – davor im Ausschnitt die elegante Aufzugskonstruktion – und der Außenseite zeigt die Absicht des Architekten, trotz der riesigen Maße dem Bauwerk eine mögliche Erfaßbarkeit zu geben: Innenseiten mit erkennbarem Fenstermaßstab, das glatte Äußere erhält einen größeren Maßstab: den der Hauptkonstruktion.

Blick durch die Zeltkonstruktion gegen die Dachuntersicht und die stark profilierten Fenster.

In der Mitte Grundriß des Daches mit Aussichtsterrasse (5), Konferenzräumen (8) und den Innenhöfen (1). Oben der entsprechende Schnitt.
Rechts und links Normalgeschosse des Nord- bzw. Südflügels; die Gebäudetiefe läßt Zellen- und Großraumbüro zu.

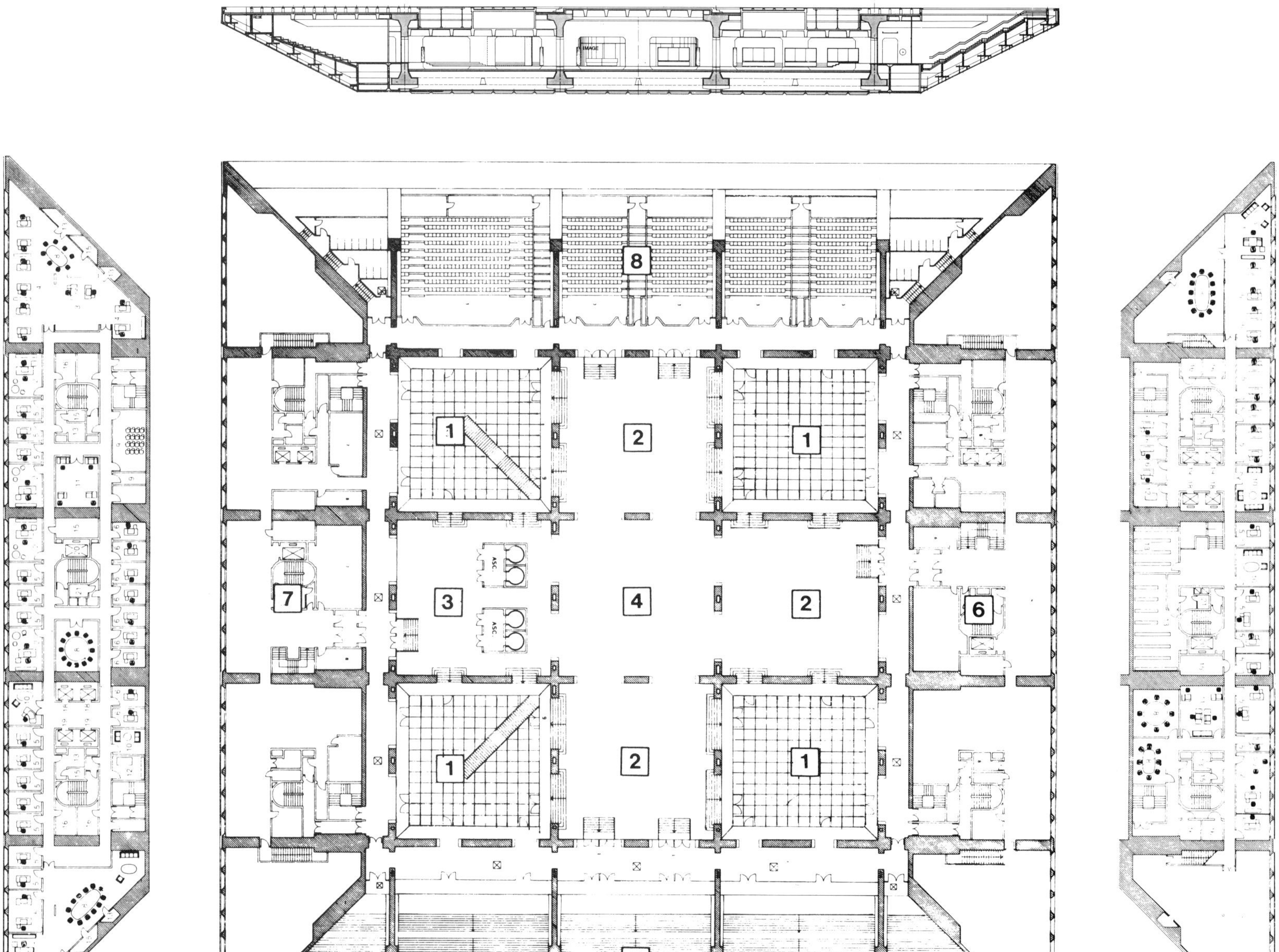

Freiräume auf dem Dach. Oben einer der Innenhöfe mit Treppenzugang auf den Helikopter-Landeplatz und dem Boden mit intarsierten Tierkreiszeichen. Die Tierkreiszeichen in der präzise astronomisch ausgerichteten Windrose entwarf Jean-Pierre Raynaud. Unten die ganz verglaste Außenwand und die Terrasse, die oben in einer schmalen Aussichtsplattform endet. Klimatische Widrigkeiten haben die Idee eines Dachgartens vereitelt.

Le Musée d'Orsay

Luftaufnahme von Nordwesten. Dominierend ist beim Musée d'Orsay die große Glastonne, die auf allen Seiten von parisgemäßer zeitgenössischer Architektur umschlossen ist.

Für die Weltausstellung von 1900 beschloß die Orleans-Bahn, ihre Strecke in der Stadt über die Gare Austerlitz hinaus zum Quai d'Orsay zu verlängern. Den neuen Bahnhof und das angeschlossene Hotel entwarf Victor-Alexandre-Frédéric Laloux (1850–1937). Gleise und Bahnsteige des Kopfbahnhofs lagen im Untergeschoß, der Zugang für die Reisenden in der Seitenhalle an der Seine. Man ging nach unten zu den Perrons und verließ auf dieser Ebene auch den Bahnhof.

Die großartige Bogenhalle über 138 x 40 m, Zeugnis moderner Ingenieurkunst, ist von monumentalen historistischen Bauformen der Zeit geschlossen. Die Halle behielt aber durch die gewaltigen Glasfelder ihre helle Leichtigkeit.

Am 16. Juli 1900 wird der Bahnhof eingeweiht, doch schon im November 1939 wird er für Fernzüge gesperrt, die durch die neuen elektrischen Lokomotiven länger als bisher sein konnten, aber jetzt nicht mehr in die Halle paßten. Nur noch Vorortzüge benutzten den Bahnhof, wodurch das angebaute Hotel auch viel von seiner Idee verlor, nämlich möglichst viele Bahnreisende zu Hotelgästen zu machen. 1960 soll an Stelle des Bahnhofs ein 1000-Betten-Hotel gebaut werden. Es gibt einen Wettbewerb, an dem sich auch Le Corbusier beteiligt. Wie an vielen Stellen in Paris sollte auch hier das Hotel eine klare, hochaufragende Scheibe sein. Nichts geschieht. 1970 wurde dann die Abrißgenehmigung für den unnützen Bahnhof erteilt, aber der Verlust von Baltards »Hallen« hatte die Öffentlichkeit auf die Qualitäten bisher verachteter Jahrhundertwende-Architektur aufmerksam gemacht, und statt abgerissen zu werden, wurde der Bahnhof 1973 in die Denkmalliste eingetragen. Zwischendurch benutzte Jean-Louis Barrault die leere Halle, um in einem dort aufgeschlagenen Zelt Theater zu spielen.

1977 entschied dann eine Interministerielle Kommission unter dem damaligen Präsidenten Giscard d'Estaing, den Bahnhof in ein Museum für französische Kunst und Kultur des 19. Jahrhunderts umzubauen.

Beim 1979 ausgelobten Wettbewerb erhielt das Büro ACT Architecture (Pierre Colboc, Renaud Bardon und Jean-Paul Philippon) den Preis und den Auftrag zum Umbau. Die italienische Architektin Gae Aulenti wurde 1980 mit dem Innenausbau beauftragt.

Soweit die wechselvolle Vorgeschichte des Museums. Die Realisierung der Adaptierung, die Wandlung eines Bahnhofs aus der Jahrhundertwende in ein heutiges Museum ist zu einem Stück Architekturgeschichte geworden.

Die Architekten wollten mit der alten Struktur, der Maßstäblichkeit und dem Dekor das Ambiente des früheren Bahnhofs erhalten und nutzten Teile des früheren Hotels als Ausstellungsräume. Gae Aulentis Konzept des Museums-Einbaus war, das Innere, also die erlebbaren Räume, in einen bewußten Kontrast zur bestehenden Architektur zu setzen. Teilweise wurde aber der Kontrast zur Dominanz des Neuen, was besonders für die großen Hallen zutrifft. In der Haupthalle bestimmen die neuen Ebenen und Stützmauern den Raum, doch generell gilt, daß die meisten Ein- und Zubauten so angeordnet wurden, daß immer wieder ursprüngliche Konstruktionen und Raumelemente hervortreten.

Die Räume im Pavillon Amont auf der Ostseite des Gebäudes, für Architekturausstellungen vorgesehen, sind wie ein »Museum im Museum« nach autarken Gesetzen entwickelt. Aus ähnlichen Intentionen sind die großen Öffnungen zwischen Haupt- und Seitenhalle fast zur Gänze geschlossen, weil der Architektin die Geschlossenheit eines jeden Raumes wichtiger war – und als Museum wohl auch sinnvoller –, als das Ineinander der Bahnhofshallen zu erhalten, was der ACT-Entwurf einmal angestrebt hatte.

Das Äußere der Gare d'Orsay blieb unangetastet. Für den Museumszugang hat man an der Rue Bellechasse ein eingeschossiges filigranes Gebäude errichtet, das gleichzeitig als Zugang für die RER-Station »Quai d'Orsay« dient.

Die Öffentlichkeit reagierte auf den Umbau des Bahnhofes teilweise ablehnend und warf der Architektin vor, die große Halle mit postmodernen Erinnerungen an ägyptische Pylone und versteinerte Züge zugestellt zu haben. Einig sind sich aber alle Fachleute über die Qualität jener neuen Räume der Galerie des Hauteurs für die Impressionisten: sie sind mustergültige Museumsarchitektur.

Doch so wie der ursprüngliche Bau modernen Ingenieurbau und eklektizistische Architektur in sich vereinigte und dabei durchaus kontroverse Elemente nebeneinander bestehen ließ, sind auch die Hinzufügungen durch den Umbau zu sehen: Zu den alten sind neue Stil-

brüche hinzugekommen, Unvereinbarkeiten zwischen den Auffassungen von 1900 und 1980. Ob das nun zu einem spannungsvollen Dialog oder nicht doch zur Vereinnahmung eines Gesamtkunstwerkes »Bahnhof« durch die übermächtige Museums-Inszenierung geführt hat, wird wohl nie eindeutig entschieden werden.
Deshalb bleibt beim Besucher jedesmal ein zwiespältiges Gefühl zurück: Einerseits die minutiöse Restaurierung des Ballsaales (für Freiplastiken!), andererseits raffiniert eingebaute Übergänge zwischen Pavillon Amont und der Galerie des Hauteurs. Oder der Gegensatz zwischen dem im Untergeschoß gelegenen Hörsaal, von ACT hauptsächlich aus hellem Holz gemacht, und schwer wirkenden, jedoch nichts tragenden und nur in bestehende Arkaden hineingestellten Steinscheiben. Auch wie das hervorragend restaurierte Eisenornament der Haupthalle immer wieder gegen neuen Stein, Stahl oder neutrale Putzflächen gesetzt ist – all das ist verwirrend und zugleich faszinierend.

Erinnerungen an die Bahnhofsvergangenheit. Im historischen Foto ist das westliche Hallenende zu sehen, davor die Zugangsbrücke, rechts die Empfangshalle. Der Grundriß verrät die Unmöglichkeit einer Modernisierung: Die Bahnsteiglänge ist bei 70 m begrenzt, was knapp drei heutigen Wagenlängen entspricht.

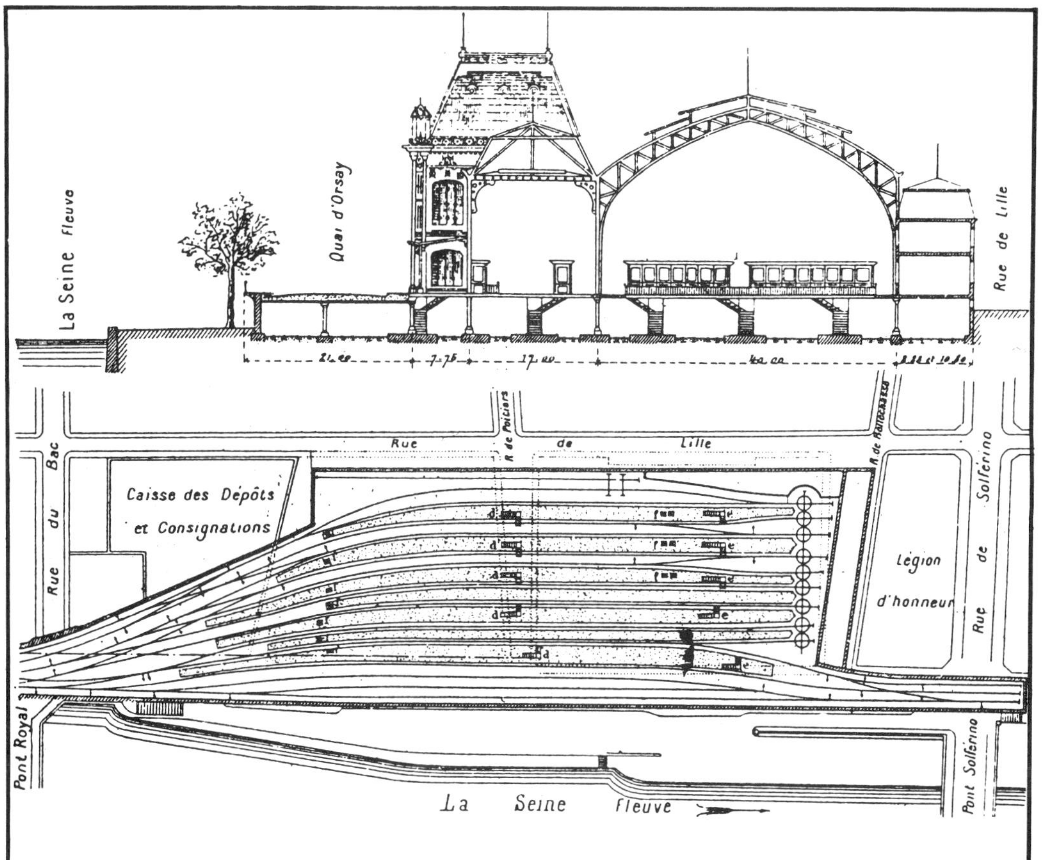

Coupe transversale schématique et plan du sous-sol.

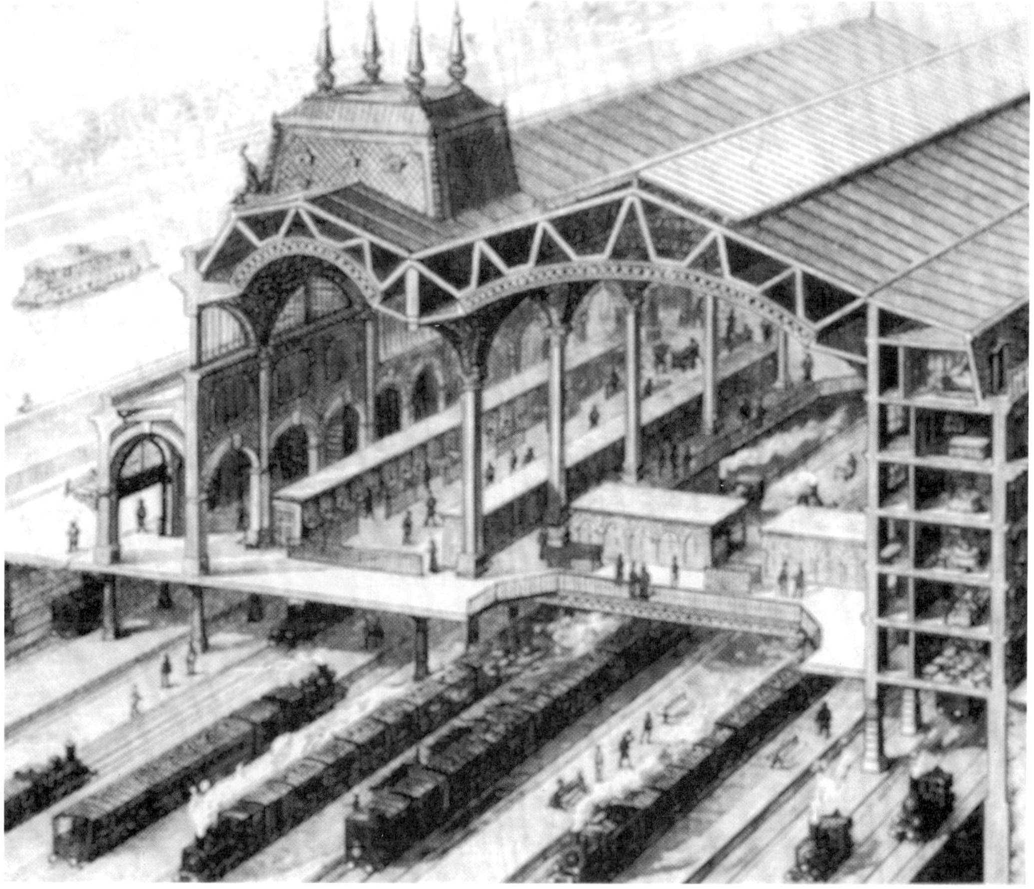

Links die Ansicht vom gegenüberliegenden Seine-Ufer: der typische Eisenbahnpalast des Technik-begeisterten 19. Jahrhunderts, verkleidet in Fassaden, die Stolz und Macht der Bahn signalisieren.

Gae Aulentis Museumskonzept wird bei diesen beiden Bildern erkennbar: Die alte Bausubstanz akribisch restaurieren, wo sie eine gestalterische Rolle spielt. Einbauten in heutiger, den Altbau konstrastierender Form entwerfen, was steinverkleidete Wände, Segel, Stahlkonstruktionen heißen kann, dann auch Öffnungen vorsehen, um alte Raumzusammenhänge wenigstens noch erahnbar zu machen, und schließlich: Altes und Neues konstruktiv strikt zu trennen.

Niveau 4, Galerie des Hauteurs,
Galerie Bellechasse.
Niveau 2, Skulpturen und
Dauerausstellung.
Niveau 1, Eingangsgeschoß.

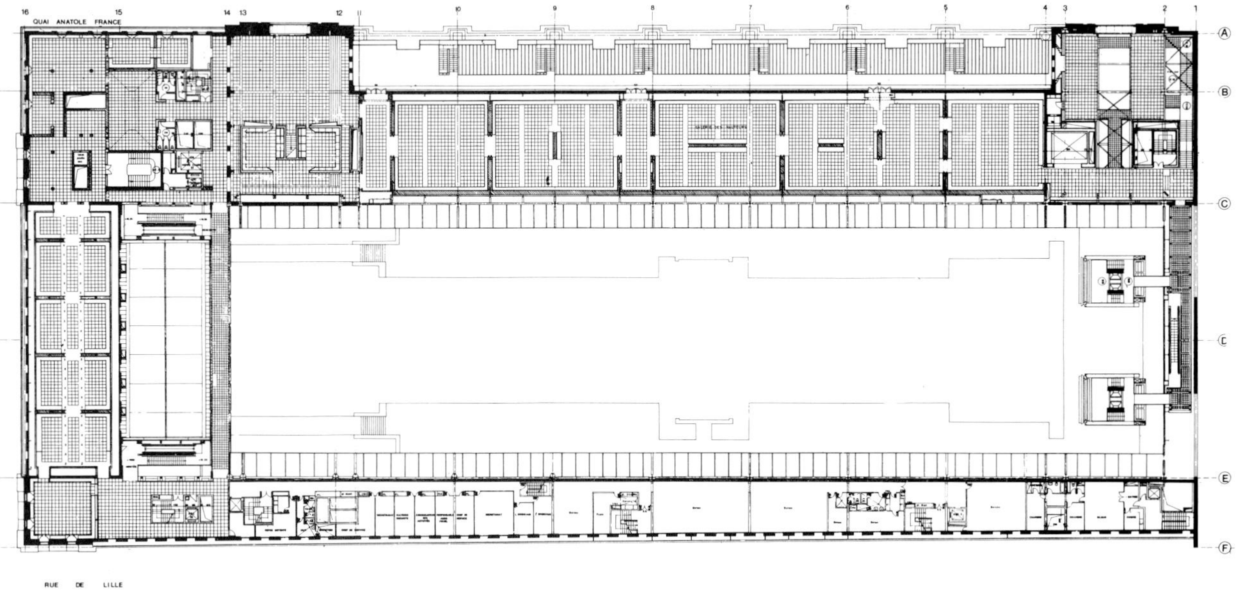

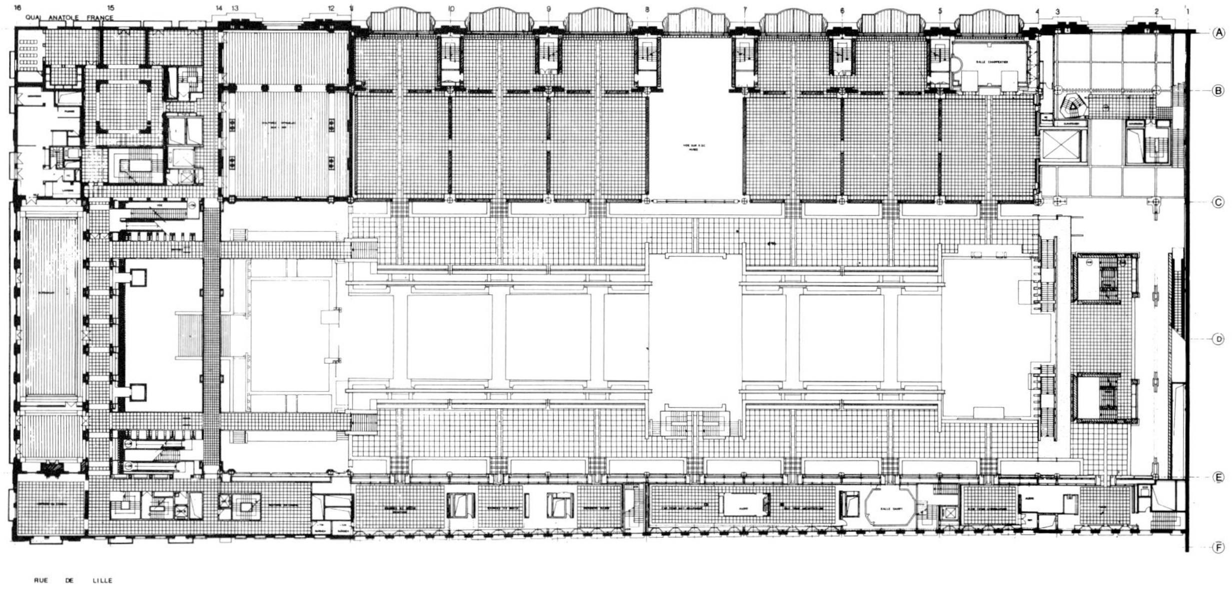

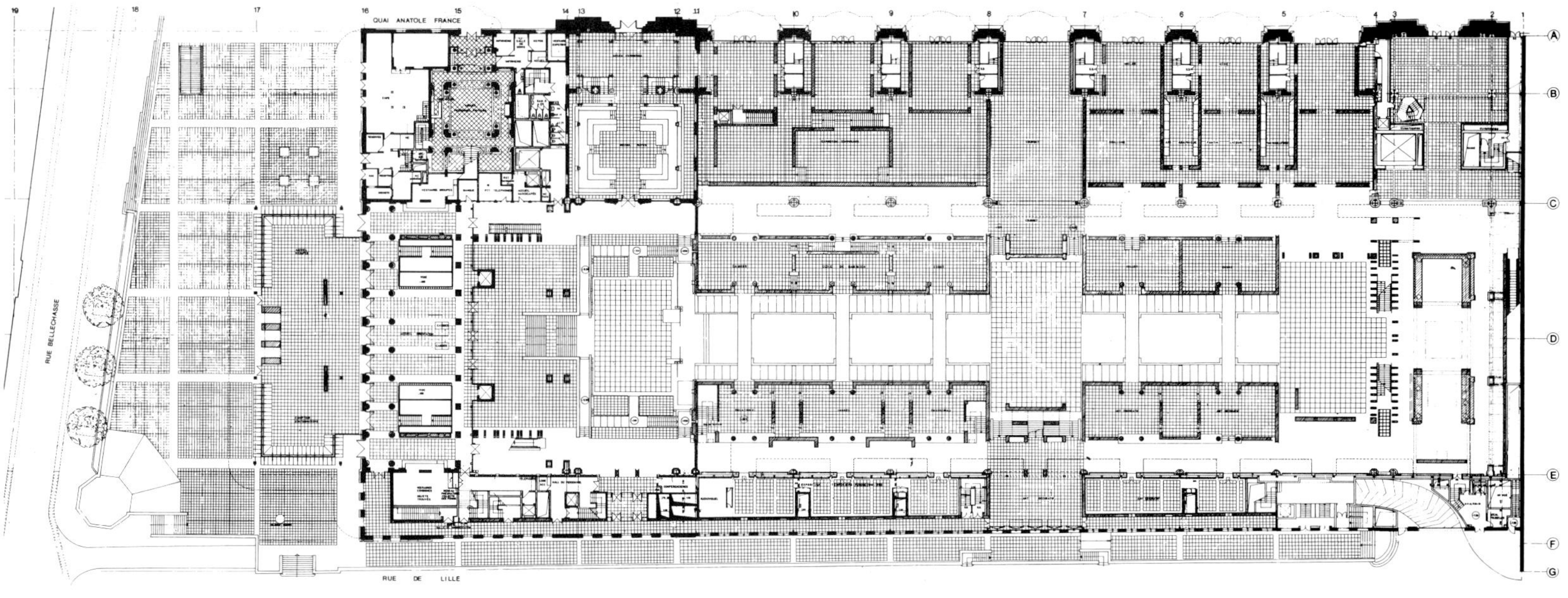

Die Bahnhofshalle als Museum (links). Von den unteren Ebenen wirken die Stützmauern viel zu gewaltig und zerstören den früheren lichten Raum.
Den Schnitt muß man mit dem des ursprünglichen Zustandes auf Seite 31 vergleichen, um Bewahrtes und Vergangenes beurteilen zu können.

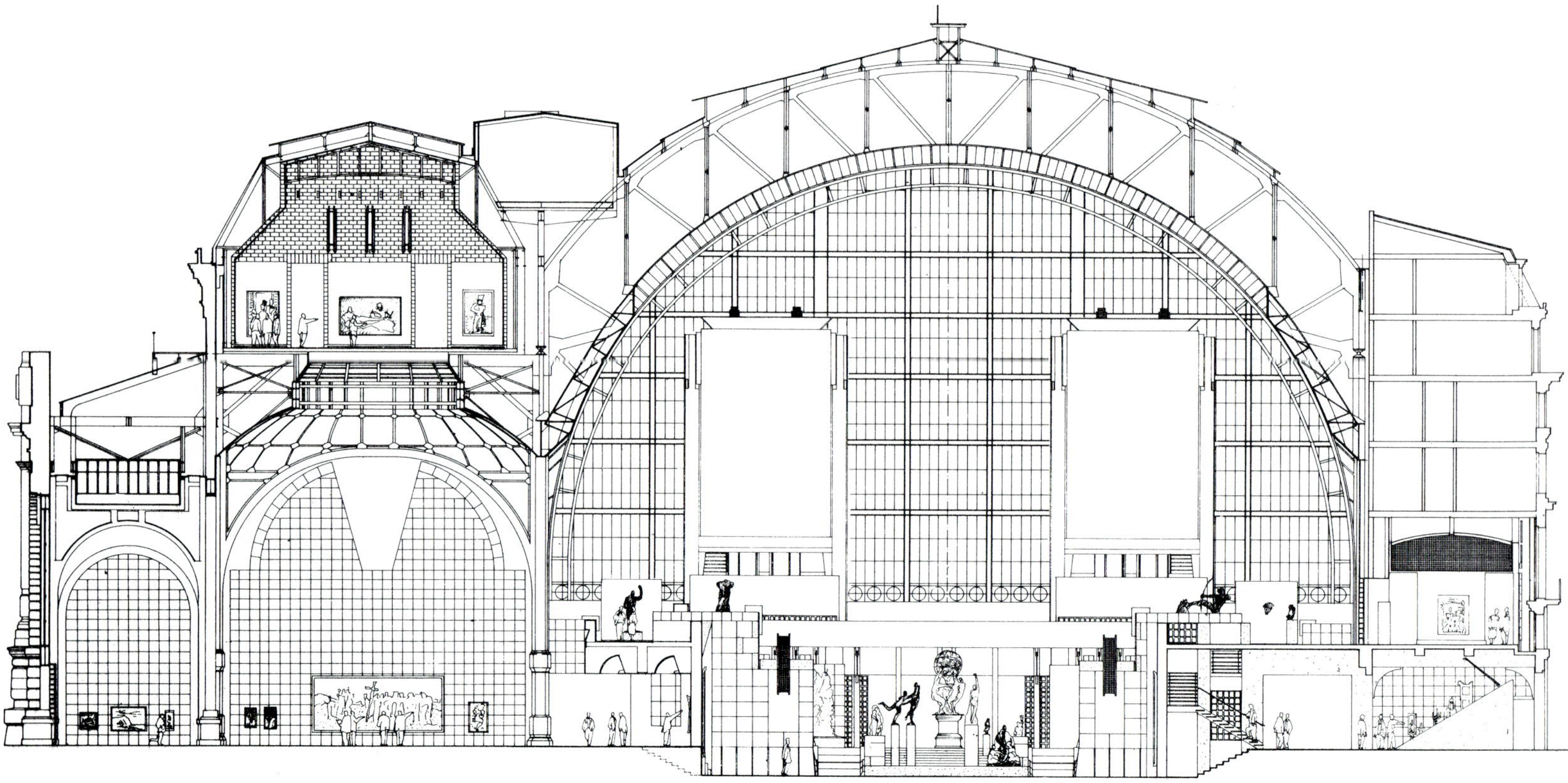

Schnitt-Axonometrie durch die beiden Hallen.
Links das niedrige Eingangsgebäude.
Unten Schnitt durch Halle und ehemaliges
Bahnhofshotel (jetzt Pavillon Amont).

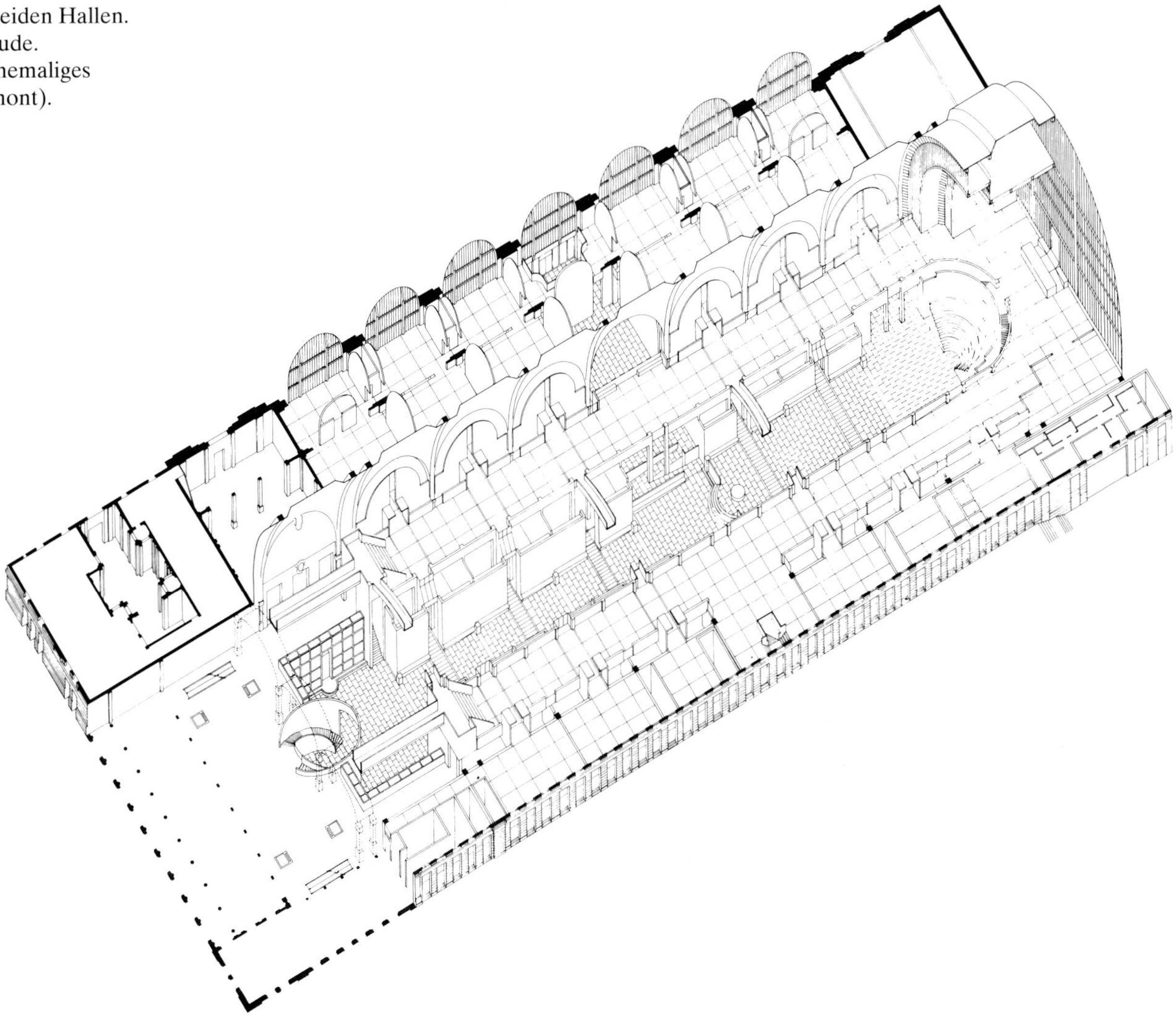

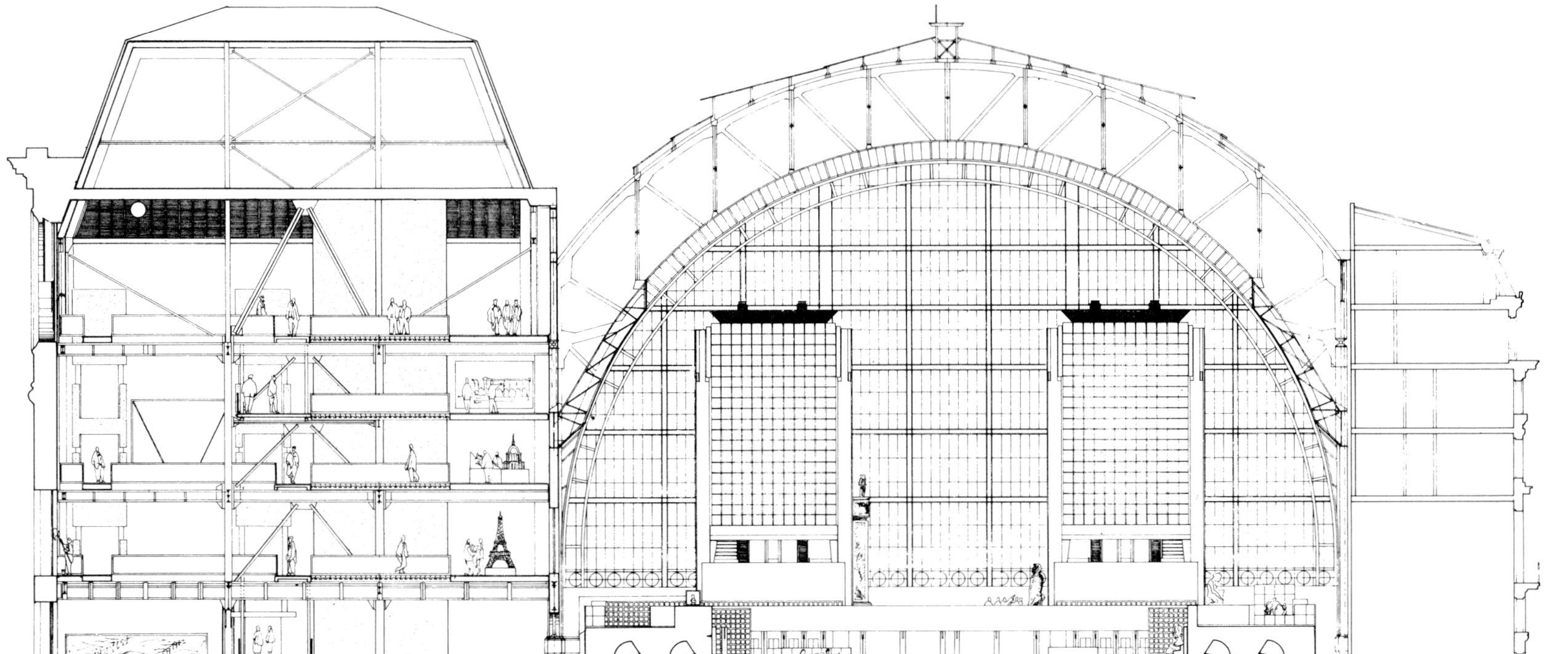

Der Pavillon Amont ist Architekturausstellungen vorbehalten, hier eine Thonet-Stuhl-Kollektion.
Zu beiden Seiten des Haupteingangs sind zwar einfache, jedoch zu schwere Brücken in die Tonne der Haupthalle verlegt worden.

Im Obergeschoß der Galerie des Hauteurs herrscht das Neue vor. In die vorhandene Dachkonstruktion sind blendenartige Deckenelemente eingehängt, die Gae Aulenti schon im venezianischen Palazzo Grassi verwendete. Unten Entwurfsskizze für eine abgehängte Rasterdecke unter Verwendung der vorhandenen Eisenkonstruktion.

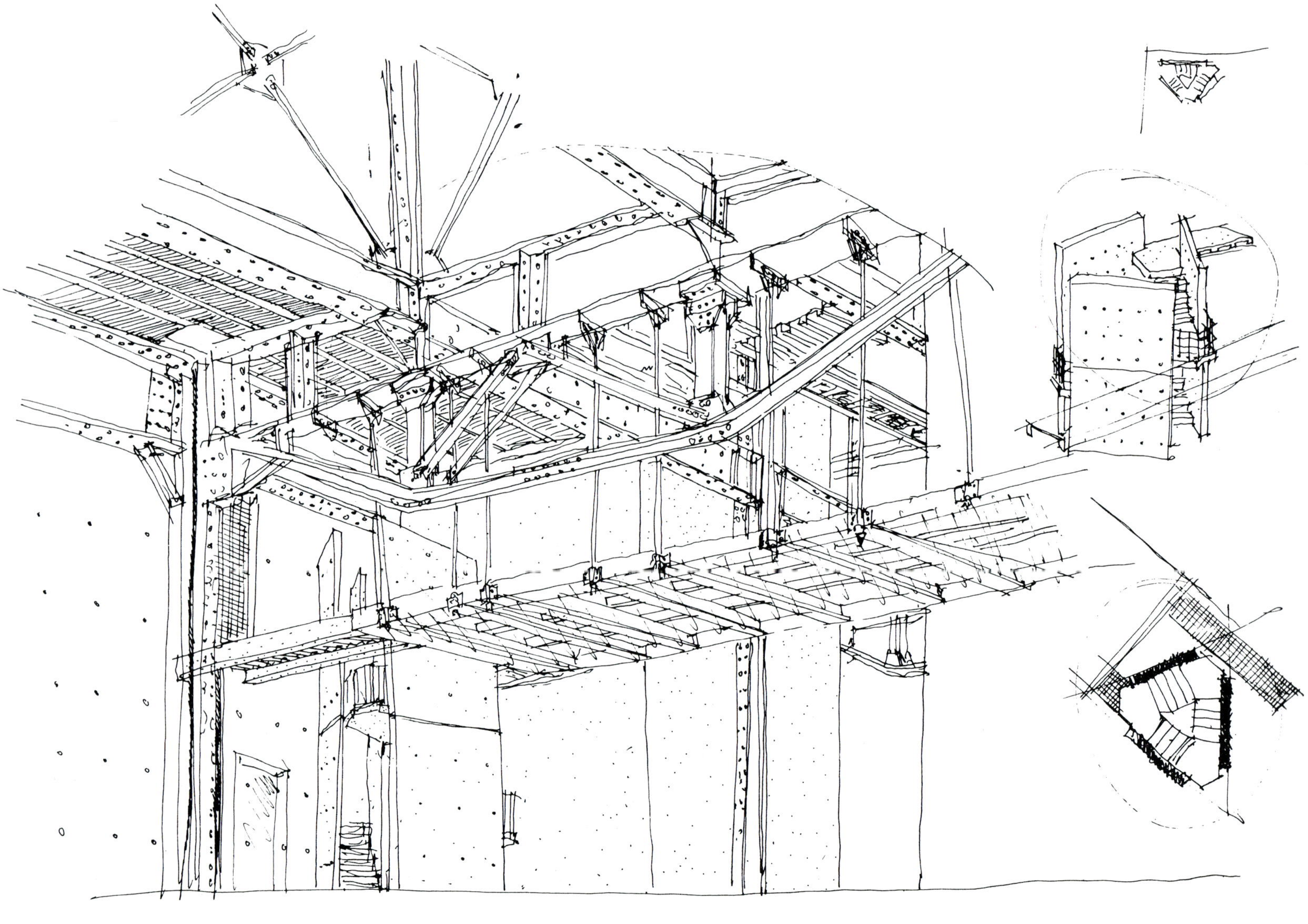

Centre de Conférences Internationales de Paris

Die Idee eines internationalen Kongreßzentrums ist schon vor zehn Jahren diskutiert worden. Machbarkeitsstudien wurden erstellt, so von Fernand Pouillon, der während der Arbeit starb; doch es gab weder Fortschritt noch eine klare Entscheidung, bis Präsident Mitterrand das Zentrum zum Bestandteil der Großen Projekte erklärte und ein Staatsinstitut schuf (wie bei anderen Großen Projekten auch), um die Realisierung dieser Idee auch zu garantieren. Die zweite Entscheidung des Präsidenten lautete, das Grundstück am Quai Branly, auf dem linken Seine-Ufer in unmittelbarer Nähe zum Eiffelturm gelegen, ausschließlich für die Verwirklichung eines Zentrums zu nutzen, in welchem alle Arten internationaler Konferenzen möglich sein sollten. Außerdem, so die Präsidenten-Entscheidung, solle das Zentrum ein internationales und ständig besetztes Pressezentrum sowie ein »Maison des Journalistes« beherbergen. Zur Erlangung einer bestmöglichen Lösung wollte er, daß ein Wettbewerb ausgelobt werden sollte.

Der Wettbewerb

In der Ausschreibung stand – neben den notwendigen Angaben zu Räumen und Funktionen – auch eine Frage nach der formalen Qualität eines solchen Zentrums. Sie klang ganz einfach, doch wies sie auf Mitterrands Wunsch hin, daß neben Funktionserfüllung auch nach Symbolen gefragt wurde; nämlich, wie sich Frankreich – und von welcher Seite – in einem Gebäude darstellen solle, in welchem der »Gotha der Diplomatie« und die wichtigsten Journalisten der Welt zusammenträfen: Fenster zur Welt, Empfangsgeste, Technologie, Eleganz des Savoir-faire, räumliche Qualität?

Nicht nur eine einfache Frage mit ungeheuer schweren Konsequenzen für jeden Wettbewerbsteilnehmer, sondern ebenso eine gewichtige Äußerung des späteren Bauherrn zur Form.

Ende Juni 1989 wurden die Architekten zur Teilnahme am Wettbewerb, der nur für Mitglieder des Ordre français des architectes offen war, eingeladen. Sie mußten nachweisen, entweder qualitätvolle Bauten errichtet oder einen Wettbewerb erfolgreich mitgemacht zu haben.

Am 22. Juli 1989 – also gerade einen Monat später – wurden die eingereichten Arbeiten der 239 Architekten geprüft und schließlich 50 von ihnen zur Teilnahme am Wettbewerb eingeladen, der anonym durchgeführt wurde.

Die Entscheidung fiel am 12./13. Januar 1990: Fünf Arbeiten wurden als belobigte genannt: Stanislas Fiszer mit Philippe Guyard, Yves Lion und Alan Levitt, Jean Nouvel und Emmanuel Cattani, Francis Soler sowie Claude Vasconi.

Am 14. Februar erläuterten die fünf Architektengruppen dem Präsidenten ihre Arbeiten, der sich am 20. März für diejenige von Soler entschied.

Die Architektur

Das Zentrum besteht aus drei äußerlich identischen Glascontainern, jeweils etwa 50 m breit, etwa 100 m lang und 28 m hoch, die parallel zueinander und mit engem Abstand senkrecht zur Seine stehen. Sie bilden die Zinnen eines unterirdischen Sockels, der bis 22 m unter Terrain reicht.

Jeder Container hat eine individuelle Funktion und ist entsprechend im Innern konzipiert. Der östliche Container ist der Journalistenpavillon mit dem »Maison des Journalistes«, Restaurant, Läden und der Verwaltung des C.C.I.P. Im Untergeschoß sind Pressezentrum und Pressekonferenzsaal untergebracht.

Zwischen diesem und dem mittleren Container liegt die offizielle Vorfahrt für die Delegationsleiter. Im übrigen dient der mittlere dem Empfang der Diplomaten. Die Sockelzone ist für unterschiedliche Mehrzweckräume gedacht.

Der westliche ist der Diplomatenpavillon mit Delegationsbüros, Konferenzsälen, Empfangsräumen und der großen Halle im Sockel für 200 Delegationen, 400 Presseplätzen – insgesamt 1.600 Plätze.

Dazu 900 Tiefgaragenplätze, unterirdische Vorfahrt, Sicherheit und Technik.

Doch viel entscheidender als die funktional gute Lösung der Konferenzbedingungen ist Solers architektonisches, sicher aufwendiges Konzept: Er stellt die Funktionsbauten der Journalisten und der vertikalen Verbindungen (in dem mittleren Container) frei in diese

Das Modell im Zusammenhang mit seiner Umgebung, Blick von Norden.

riesigen Glasbehälter hinein und schafft damit einen neuen Binnenraum, der seine Vorgänger – Ford Foundation in New York und manche Hotelhallen von Portman – sicher in den Schatten stellen wird. Der Raum schafft auch am Boden Platz und kann bei Konferenzen mit 2.000 oder mehr Teilnehmern der Veranstaltung den gewünschten imperialen Rahmen geben.

Beim Eingangspavillon sind zeremoniale Rampen und die Mur d'escaliers (hinter der sich Empfangsräume befinden) wie moderne Interpretationen barocker Treppenanlagen Mittel zur Selbstinszenierung. Gleichzeitig gelangt man über sie in den benachbarten Diplomatenpavillon. Dieser wird zur Gänze mit Büros gefüllt sein, und nur in den Gittermasten der Außenstützen bleibt Platz für Aufzüge, die zwischen den beiden Glasebenen vor und hinter den Stützen laufen.

Das augenblickliche Planungsstadium läßt noch keine Schlüsse auf konstruktive und formale Details, auf Qualitäten der Sonderräume im Sockel etc. zu, doch deuten die grundsätzlichen Entwurfsideen darauf hin, daß hier im Äußern eine High-Tech-Baugruppe entstehen wird, die wohl beispielhaft sein wird.

Gegenüber dem Wettbewerbsentwurf hat sich das Projekt verkleinert. Statt der vorgesehenen 32 Meter nur noch 28 Meter (die hier städtebaulich vorgeschriebene Bauhöhe). Dazu einige neue Raumnutzungen, weniger Grün im Innern – statt dessen bei den Journalisten Restaurants und Läden. Insgesamt wurde das Volumen um etwa ein Fünftel reduziert – ohne daß der große Atem dieses Wurfs gelitten hat.

Die Modelle, hier von Norden gesehen, mit ihrer Transparenz werden in der Realität aus konstruktiven Gründen wohl nicht erreicht werden können.
Das Empfangsgebäude, eine riesige Hülle aus Stahl und Glas, in der das Stahlbetongerüst wie eine große Plastik steht, wird auch mit vielen Menschen immer noch groß und weit wirken.

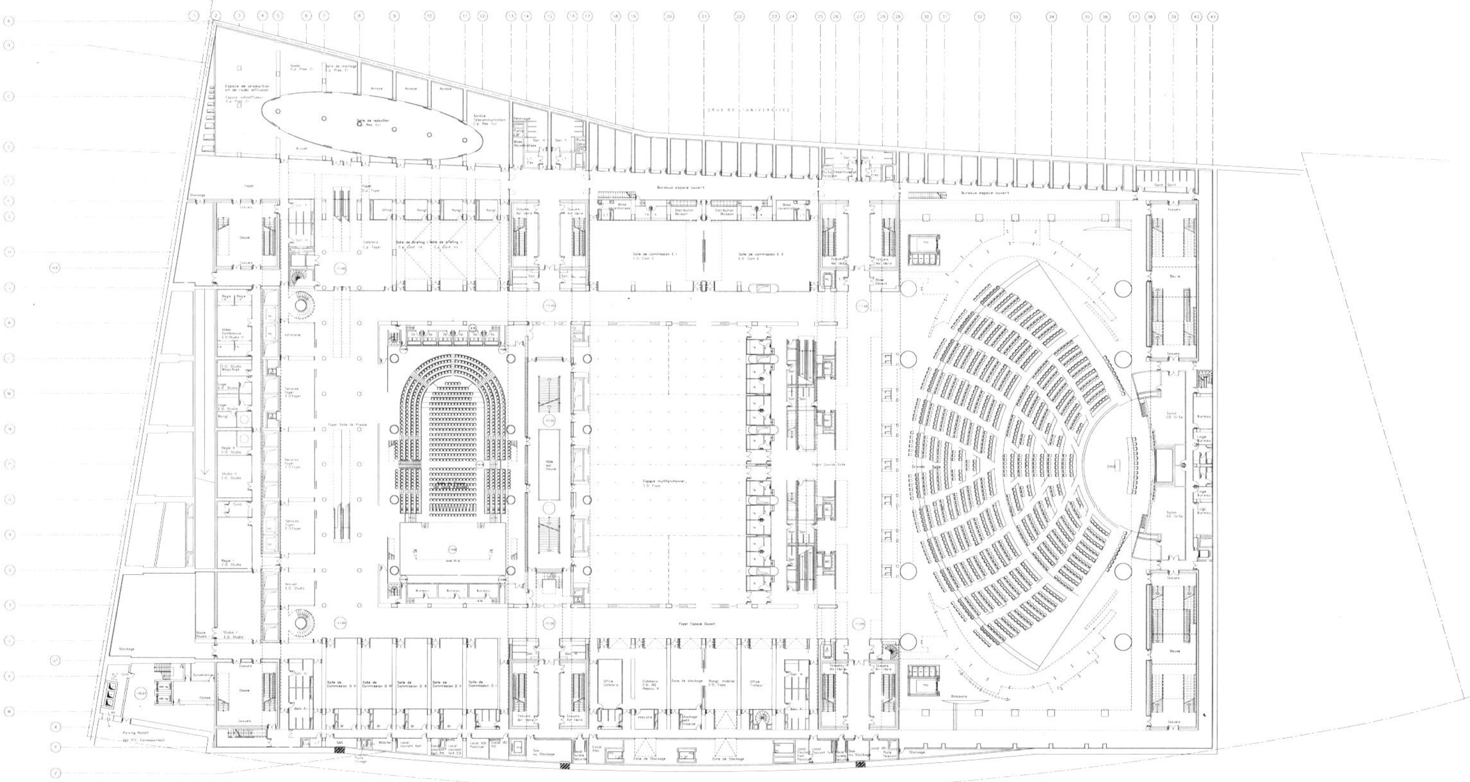

Die drei Bauten bilden eine funktionale und städtebauliche Einheit. Die Schnittperspektive – von links: das Haus der Journalisten, das Empfangsgebäude und das Haus der Diplomaten – zeigt deren räumliche Charakteristika und die unterirdischen Sonderbereiche.
Links unten Grundriß des Eingangsgeschosses, unten Grundriß des obersten Geschosses.

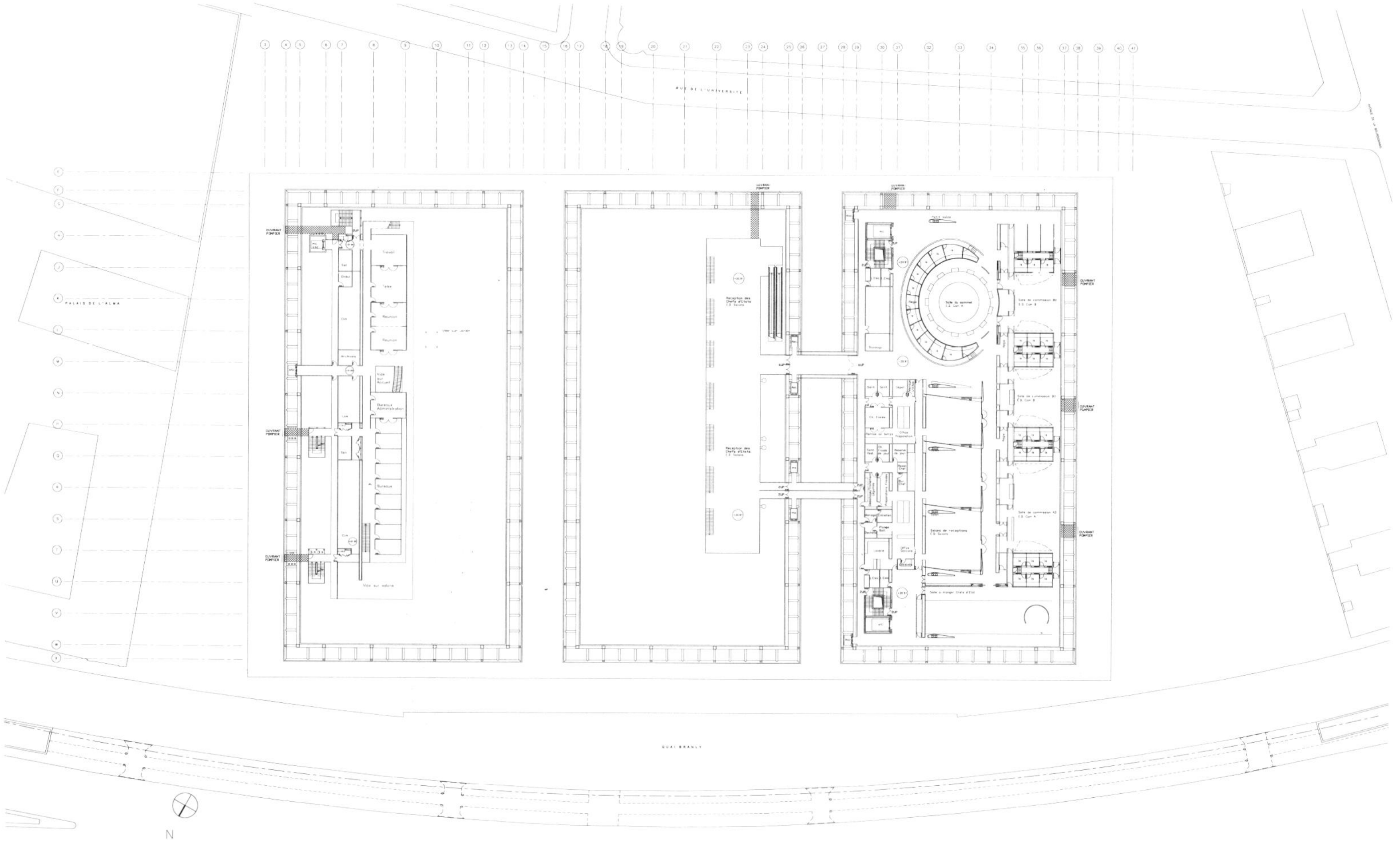

Le Grand Louvre

»Die Pyramide« – der neue Eingang zum Louvre – hat die Pariser Öffentlichkeit in Aufruhr gebracht. Sie sah in ihr ein Sakrileg, das man der Cour Napoléon angetan hatte. Die Aufregung hat sich gelegt, sie ist sogar einer großen Zustimmung gewichen.
Ieoh Ming Pei, der amerikanische Architekt chinesischer Abstammung und Planer des Grand Louvre, sagte in einem Interview: »Alle reden von der Pyramide, aber sie ist doch nun wirklich nicht der wichtigste Teil des Projekts.«
Aber sie ist wie die Spitze eines Eisbergs: Unter ihr liegen, von außen nicht sichtbar, nicht nur 66.700 qm neue Nutzflächen, sondern mit ihnen der planerische Schlüssel für die Umwandlung des Louvre von einem 800 m langen Flurmuseum in ein 250 x 400 m großes Kompaktmuseum und der wichtige Schritt, den Louvre in die umgebende Stadt einzubeziehen.
Diese gewaltige Baumaßnahme wird, wenn sie in einigen Jahren abgeschlossen sein wird, das Museum als Kunstgalerie total verändert haben – und einziges äußeres Zeichen davon wird die Pyramide aus Stahl und Glas sein.

Die Baugeschichte des Louvre

Die Öffentlichkeit hatte anscheinend vergessen, daß am Palais du Louvre seit seinem ältesten Vorgängerbau unter Philippe Auguste im 13. Jahrhundert nicht nur ständig an- und umgebaut, sondern auch kräftig abgerissen wurde. Und die jüngsten Umbauarbeiten haben unter der Cour Carrée die gut erhaltenen Teile des Schlosses Karls V. (1338–1380) freigelegt und damit die Wurzeln einer Dynastie und einer Stadt entdeckt. Andererseits wurde das Tuilerien-Schloß Napoléons III., jener grandiose Abschluß nach Westen, kurz nach seiner Vollendung von der Kommune 1871 in Brand gesetzt und dann 1882 abgebrochen.
Die Anfänge des heutigen Louvre liegen in den Flügeln um die Cour Carrée, unter Heinrich II. von Pierre Lescot in der zweiten Hälfte des 16. Jahrhunderts erbaut. Es folgte der Pavillon Marsan vom selben Architekten, weit im Westen bei den Tuileriengärten. Es folgten die Flügel im Norden und Süden unter Heinrich IV. und Napoléon I., doch erst die Flügel zu beiden Seiten der Cour Napoléon unter Napoléon III. (1808–1873) schlossen Ost- und Westteile der Anlage zusammen. Ihre Architekten waren Visconti und Lefuel, die ihren Bauten ein historistisch-eklektizistisches Äußeres gaben.
Der Louvre, bauhistorisch ein Neben- und Miteinander von Renaissance, Barock und Historismus, funktional betrachtet ein Schloßbau, der durch die Revolution in ein Museum verwandelt wurde.

Städtebauliche Aspekte

Der Louvre steht nicht irgendwo, sondern mitten in der Stadt, die bis in die spätere Place du Carrousel und Cour Napoléon hineinreichte, bis dann der Nordflügel sie aussperrte. Und solange das Finanzministerium im Nordflügel, dem Richelieu-Flügel, residierte, blieben Louvre und Stadt zwar benachbart, aber durch die Beamtenbarriere geschieden.
Das soll sich durch den Umbau zum Grand Louvre ändern: Die Richelieu-Passage wird die Verbindung zwischen dem Palais Royal und dem ihr vorgelagerten Platz im Norden und der Cour Napoléon herstellen und eine enge Verzahnung zwischen Louvre und Stadt bewerkstelligen. Heute ist die Rue de Rivoli eine vom Individualverkehr besetzte Straße, so daß die Menschen sie unter- statt überqueren müssen.
Und wenn der zweite Bauabschnitt westlich des Rond Point du Carrousel vollendet sein wird, wird hier durch eine zweistöckige Tiefgarage ein Teil der Besucherfahrzeuge abgestellt werden können und die umgebenden Straßen frei lassen.
Mit der Verlegung des Fahrverkehrs westlich des Louvre unter Straßenniveau wird auch wieder die große Achse nach Westen erlebbar: Von der Cour Napoléon über den Obelisken auf der Place de la Concorde bis zum Arc de Triomphe – und jüngst mit der Grande Arche in der Tête Défense zu einem zeitlich begrenzten grandiosen Abschluß gebracht.

Die Idee des Grand Louvre

Pei und sein französischer Kompagnon Michel Macary wußten, daß entscheidend für eine sinnvolle Neuordnung des Museums ein neuer, zentraler Eingang war.
Mathematisch richtig lag er im Schnittpunkt der Längs- und Querachse mitten in der Cour Napoléon. Aber man konnte diesen Freiraum nicht mit Zugängen zu den einzelnen Flü-

Der Louvre von Osten gesehen, mit Seine und Tuileriengarten sowie der Place de la Concorde als den beherrschenden Freiräumen in der eng bebauten Stadt.

geln verstellen, ohne ihn zu zerstören, wobei die bisherige Gartenanlage mehr als simpel war.
Deshalb verlegte man den Zugang in eine untere Ebene, zwischen den Louvre-Flügeln und immerhin über 200 x 120 m groß, auf der man jeden Flügel erreichen und manche zusätzlichen Funktionen unterbringen konnte, ohne die sichtbare Architektur des Louvre zu verletzen.
Die Verbindung zwischen oben und unten, zwischen von allen geliebter Cour Napoléon und dem Neuen, stellt die Pyramide dar. Ihre Proportionen entsprechen denen der Cheops-Pyramide. Ihre Höhe beträgt 22 m, die Basis ist 35 m breit. Durch ihre Konstruktion – eine Glashülle wird von einer unterspannten Stahlrohrkonstruktion getragen – erreicht sie ein Höchstmaß an Transparenz, erscheint wie eine filigrane Computerzeichnung. Die Transparenz gilt auch für den Blick nach unten: Die Pyramide überspannt eine Öffnung im Boden, die ihrer Basis entspricht. Sie »ruht« nicht auf der Erde, sondern hat jede Masse verloren und wird zu einem Haus aus Glas, dessen Boden 8,5 m tiefer liegt.
Die Pyramide ist nicht nur zum Wahrzeichen des Louvre geworden, sondern hat auch ihre Aufgabe, Zugangsbauwerk zu sein, glänzend erfüllt. Wer in ihr zur Eingangsebene, immerhin zwei Geschosse tiefer, hinabsteigt, fühlt sich überhaupt nicht wie im Keller. Der Blick auf die Hoffassaden des Louvre bleibt erhalten – dank einer fast 1000 qm großen Öffnung – und die Eingangshalle ist ein Riesenraum, eine Empfangshalle von fast barockem Überschwang, perfekter Detailbearbeitung, wohin man schaut. Alles andere auf jeden Fall als ein Souterrain.
Von diesem Zentralraum führen Rolltreppen in Nord-, Ost- und Westflügel, hier liegen Infostand, Boutique, Cafeteria, die Passage Carrousel–Louvre, der Hörsaal. Teilweise verantwortlich für die Raumgestaltung ist Jean-Michel Wilmotte. Hier beginnen die ersten Ausstellungsräume, teilweise zum Eingangsgeschoß geöffnet und als Zugänge zu den Ausgrabungen entwickelt, auf deren Funde sie einstimmen.
Den Besucher empfängt hier eine Atmosphäre, die intellektuell – festlich und nobel – zurückhaltend ist. Wände und Stützen sind mit Steinplatten aus Burgund bekleidet, der Sichtbeton hat perfekte Oberflächen, wie es Pei in seinem frühen Museumsbau, dem Ostflügel der Nationalgalerie in Washington (1978) gezeigt hatte.
Was es an komplizierter Technik hier geben mag, nichts davon ist sichtbar. Pei wollte, wenn er den Louvre denn umbauen sollte, ihn weitestgehend unbehelligt lassen. Das ging soweit, daß er die für unterirdische Versammlungsräume notwendigen Nottreppen nicht irgendwie auf der Cour Napoléon erscheinen ließ, sondern er erfand einen Stahlrost, in den das übliche Granitpflaster des ganzen Platzes eingelegt war, der die Treppen nach oben abschließt und im Gefahrenfall automatisch aufklappt und den Ausgang damit freigibt. Nirgendwo gibt es »Nachbesserungen« oder störende Details.
Der Umbau der alten Gemäldegalerien wird erst in Angriff genommen werden, wenn der Nordflügel fertig ist und mit der museologischen Umorganisation des Louvre begonnen werden kann.
Wie die Säle aussehen werden, hat Italo Rota im Dachgeschoß zweier Flügel in der Cour Carrée gezeigt: In den bestehenden Raum wird eine neue Schale aus glatten weißen Elementen gestellt, das Dachoberlicht erhält eine untere Abdeckung, die je nach gewünschten Lichtverhältnissen unterschiedliche Füllungen erhält. Darunter befindet sich ein zweites Raster für das Kunstlicht. Alle Medienzuführungen sind zwischen alter Mauer und neuer Wand festgelegt.
Das ist nicht mehr »der Louvre«, sondern etwas Neues. Von den Traditionalisten wurde diese starke Verfremdung als unerlaubter Eingriff in die Historie abgelehnt. Doch können mit diesen Umbaumaßnahmen nicht nur die Kunstwerke besser dargestellt werden, sondern der Besucher wird durch den Wechsel von Neu (Umbau) und Alt (Bestand) auch vor schneller Ermüdung bewahrt.

Das ehemalige Finanzministerium

Als der Nordflügel – heute offiziell »Richelieu-Flügel« genannt – um die Mitte des vorigen Jahrhunderts fertig war, bezog ihn die Louvre-Bibliothek. Diese wurde 1871 von der Kommune zerstört, und in ihre Räume zog das Finanzministerium ein, bis es durch die Entscheidung Präsident Mitterrands von 1981 im Frühjahr 1989 ins neue Quartier in Bercy übersiedelte.

Das Äußere dieses Flügels, der hauptsächlich von Hector Lefuel entworfen wurde, ist »mit einem Übermaß an Dekor bedeckt (und vielen Elementen...), die hier mit einer neureichen Prätention gehäuft werden«, wie es die Historiker M. Fleury, A. Erlande-Brandenburg und J.-P. Babelon formulierten.

Hinter dieser Fassade, die wie alle anderen Fassaden die kaiserliche Dreigeschossigkeit zeigt, liegen aber keine imperialen Säle, sondern banale Büros mit 3,50 m Höhe, so daß die beiden unteren Fensterreihen von Zwischendecken für die niedrigen Büros unterbrochen sind.

Peis und Macarys Ziel ist, dem Bau eine dem Museum angemessene Klarheit zu geben (wobei die Fassaden nicht berührt wurden). Außer im Ministerflügel, den Salons Morny mit der »Minister-Treppe«, wurden alle Decken herausgerissen und aus vier niedrigen zwei 7 m hohe Geschosse gemacht. Außerdem wurden neue Vertikalverbindungen, unter anderem eine von Pei geschätzte Rolltreppe und Aufzüge vorgesehen. So entsprechen wieder in den beiden Hauptgeschossen die Fassaden der Gebäudestruktur. Das Attikageschoß hat man in den Dachraum hinein vergrößert und so eine Raumhöhe geschaffen, die für die Darbietung von Kunstwerken geeignet ist.

Ähnlich wie bei den ersten Ausstellungsräumen an der Cour Carrée wird man auch im Richelieu-Flügel in die alte Raumschale einen neuen Raum hineinstellen, der in den meisten Fällen 9,60 x 9,60 m mißt und auf 4,65 m Höhe eine sichtbare und damit raumgliedernde Bilderleiste besitzt. Die Böden werden aus Eichenparkett sein, das längs den Wänden von einem Steinstreifen eingefaßt sein wird.

Bei diesen Arbeiten hat Pei den französischen Architekten mehr freie Hand gelassen als beim Entwurf der Pyramide. Wilmotte und Macary werden aber die Grundkonzeption nicht verlassen, die Pei vorgegeben hat. Doch wird es Unterschiede geben. So hat Macary die beiden Innenhöfe als eine Folge von Terrassen entworfen, die sich so weit nach unten abstaffeln, daß es eine breite Unterquerung der Richelieu-Passage geben wird. Und beide Höfe wird man mit einer grazilen Stahl-Glas-Konstruktion überdecken, die durch Unterspannungen an die Pyramide erinnern wird. Oben und unten also ein Eingriff in die alte Bausubstanz, was Pei nie getan hat. Sicher wird eine solche Veränderung den Pomp der Fassaden mildern und zeigen, daß man sie zwar als historische Tatsache schätzt, ihren künstlerischen Wert jedoch etwas geringer sieht.

In einem Gespräch sagte Pei, da man nie mit so vielen Besuchern gerechnet habe, hätte sich die Pyramide als zu klein erwiesen für den Massenandrang. Deshalb würde es bei der Neueröffnung im September 1993 zwei neue Zugänge geben: Von der unterirdischen Parkgarage und in der Richelieu-Passage. Er meinte, wenn alle Publikumsräume – wozu auch die Zugänge gehören – ihre klare, eindeutige und unverwechselbare Form besäßen, wofür er gesorgt habe, könnten die Ausstellungsräume wie die vielgestaltige Variation eines Leitmotivs sein. Das bedeutet: Es soll drei gleichrangige Zugänge und nicht einen Haupt- und zwei Nebeneingänge geben. Entscheidend ist, daß von allen dreien aus die Besucher in der Hall Napoléon zusammentreffen, wobei diejenigen, die von der Busgarage kommen, zuerst einmal von einer umgekehrten Pyramide empfangen werden, durch die Tageslicht in reichem Maße in den zeremonialen Zugang fällt.

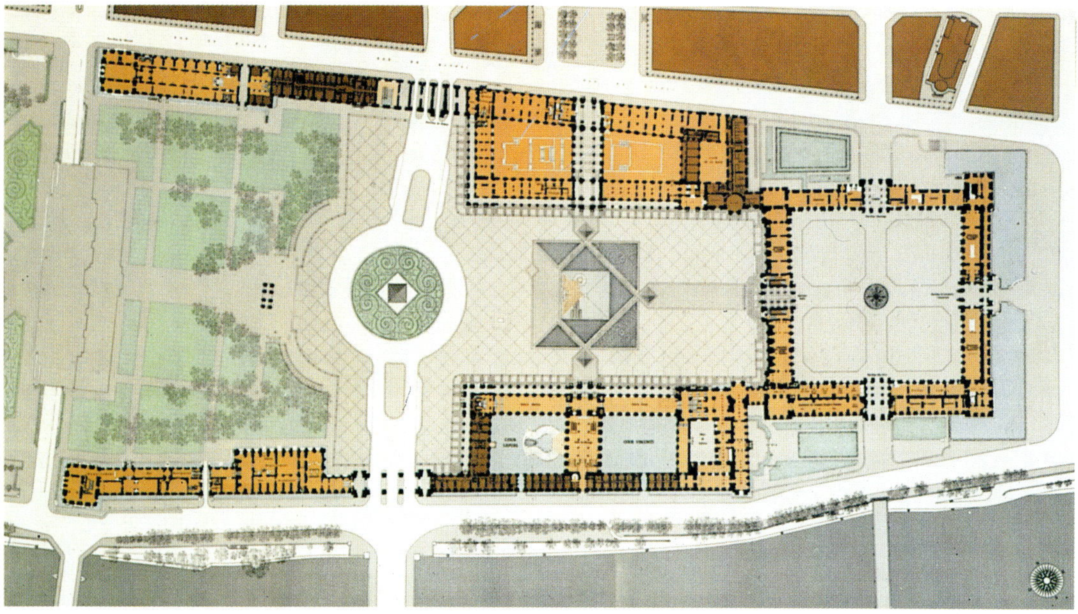

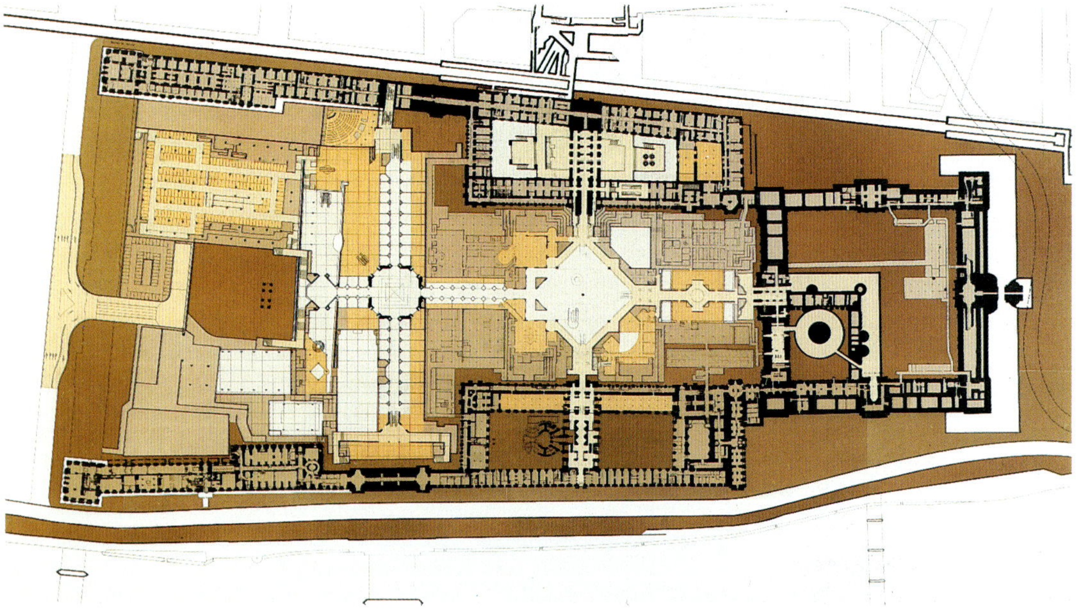

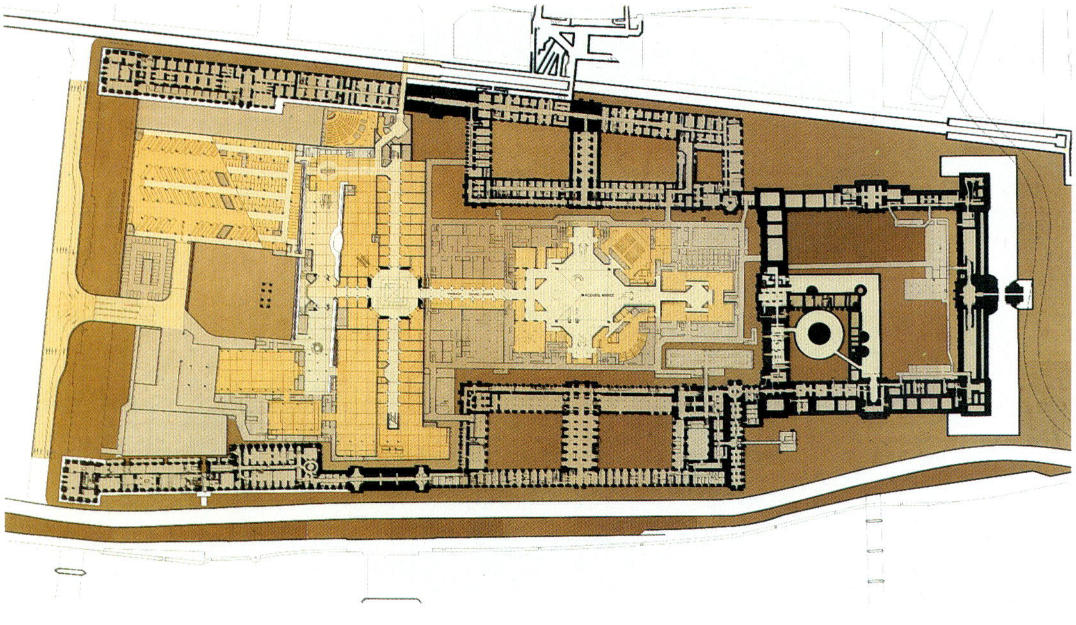

Erdgeschoß.
Zwischen-Untergeschoß.
Eingangs-Untergeschoß.

Die Pyramide als Eingang, zugleich auch als visuelle Verbindung zwischen oben und unten, drinnen und draußen.
Die tatsächliche Verbindung stellen eine äußerst elegante, sehr moderne Wendeltreppe und der in ihrer Spindel untergebrachte hydraulisch betriebene Behindertenaufzug dar.
Die Eingangshalle selbst ist wie ein Versprechen auf eine große Zukunft für den Grand Louvre. Wie sie konkret aussieht, vermitteln die beiden Zeichnungen auf Seite 57: Der zweite Louvre-Zugang von der Place du Carrousel über die Grande Galerie und an der »hängenden« Pyramide vorbei und der Richelieu-Flügel, 2. Bauabschnitt. Die neue Eingangshalle neben den beiden unterirdischen Parkgeschossen wird von Resten der Stadtmauer unter Charles V. gesäumt, die bei den Auschachtungsarbeiten freigelegt wurden.

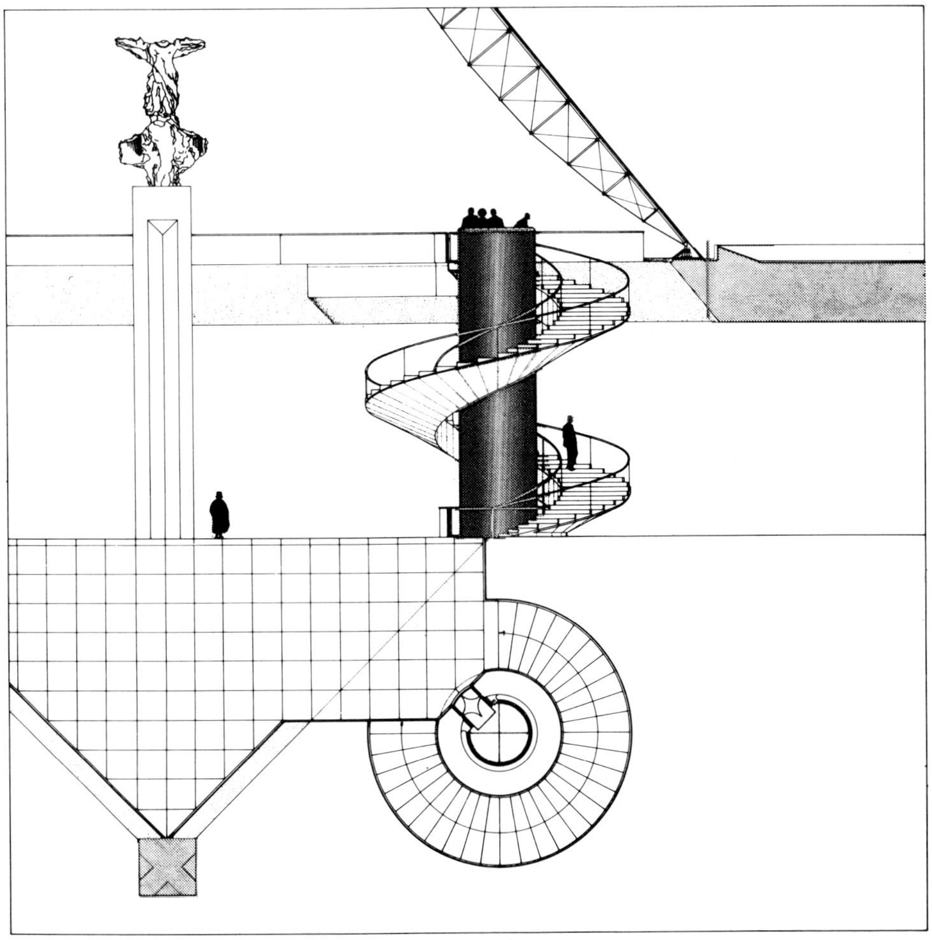

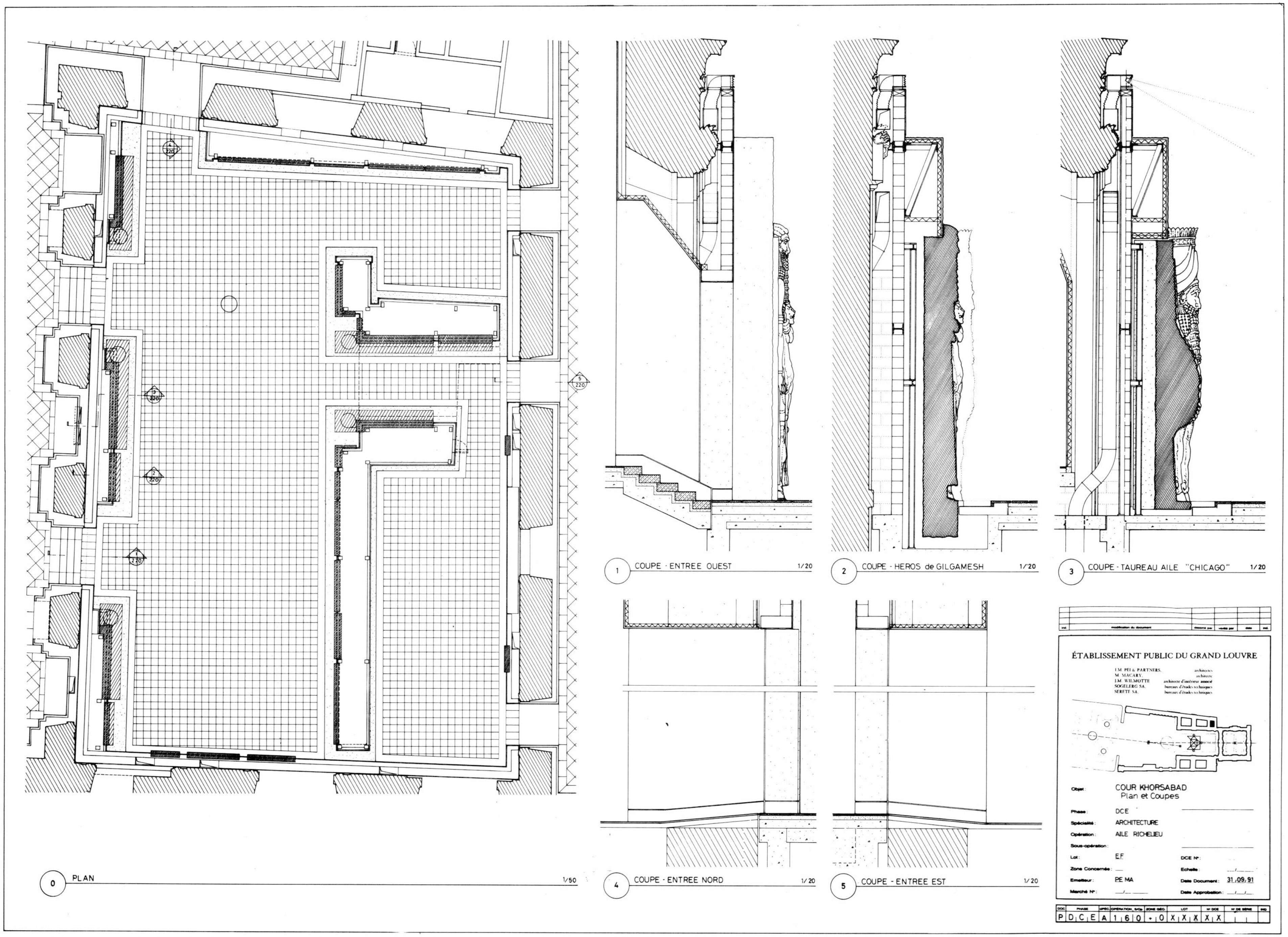

Cour Khorsabad. Plan und Schnitte der Umbauten.

Richelieu-Flügel, 2. Bauabschnitt. Einbau der Rolltreppen, Werkpläne des Entwurfs von Michel Macary.

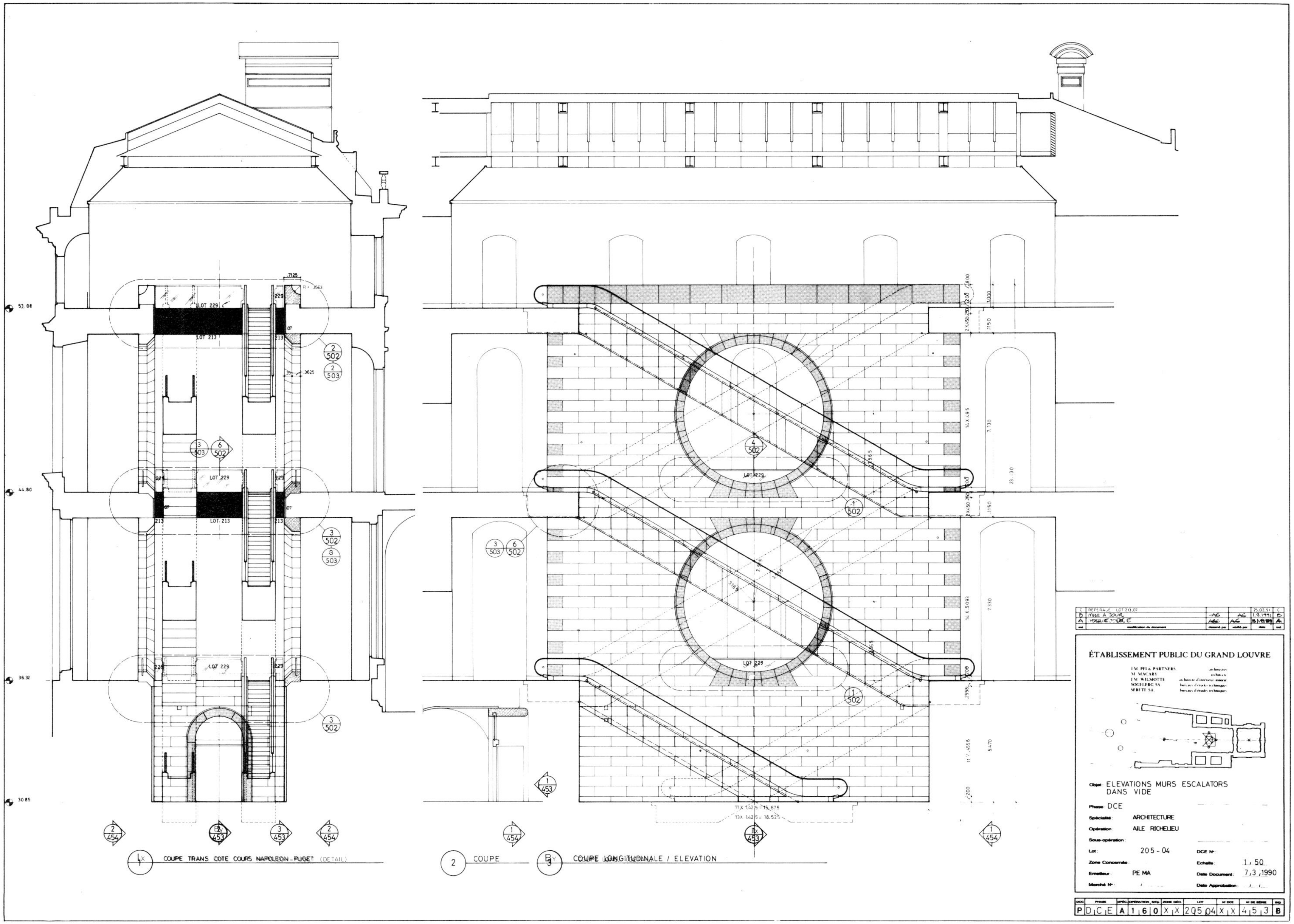

Die beiden Baustellenfotos zeigen die starken Eingriffe in die Bausubstanz aus dem 19. Jahrhundert. Links die Cour Puget, rechts eine der neuen Tragwände für die vertikalen Verkehrswege, denen Pei Öffnungen wie bei chinesischen Mondtoren gab. Beim Fensterloch kann man noch die alten Büro-Zwischendecken erkennen.

Der Schnitt durch den umgebauten Richelieu-Flügel von Osten nach Westen zeigt die Abfolge der drei Höfe Cour Khorsabad, Cour Puget und Cour Marly und die durch die Absenkung der Hoffläche ermöglichte unterirdische Verbindung zwischen den beiden großen Höfen unterhalb der Passage Richelieu. Hier liegt der zweite neue Louvrezugang, der auf dem abgesenkten Hofniveau direkt weiter in die große Eingangshalle unterhalb der Pyramide führt.

Wer durch die Passage Richelieu den Louvre betritt, blickt in die faszinierenden »Hof-Säle« Marly und Puget, die mit neuer Technik die Hallen aus dem 19. Jahrhundert wiederholen – und an Peis Glaspyramide erinnern.

L'Institut du Monde Arabe

Im Jahr 1974 beschlossen 20 arabische Staaten und Frankreich, in Paris ein Institut zu gründen, um mit ihm die Zusammenarbeit zwischen ihren Ländern und Frankreich auf dem Feld der Kultur zu pflegen.
Das Institut sollte eine dreigeteilte Aufgabe haben:
1. in Frankreich das Wissen und das Verständnis für die arabische Welt fördern;
2. die Zusammenarbeit und den kulturellen Austausch zwischen Frankreich und der arabischen Welt intensivieren;
3. die Beziehungen zwischen Frankreich und den arabischen Ländern verbessern und dadurch gleichzeitig die Kontakte zu den anderen europäischen Staaten weiterentwickeln.

Der Wettbewerb
Um diesen Aktivitäten den entsprechenden Raum zu verschaffen, erwarb das Institut das Eckgrundstück zwischen Quai Saint-Bernard und Boulevard Saint-Germain als Bauplatz.
In der Ausschreibung des 1981 ausgelobten Wettbewerbs wurden folgende Räume und Raumgruppen gefordert: Museum für arabisch-islamische Kunst (2.800 qm); Multi-Media-Datenbank; Mediathek mit 40.000 Büchern, 1.500 Zeitschriften, Tonarchiven, Fotothek, Filmen etc.; Dokumentationsstelle, die weltweit Informationen über die arabische Welt speichert und an Wissenschaftler und Wirtschaftler weitergibt; Vortragssaal mit 350 Plätzen, ein Raum für Wechselausstellungen sowie allgemeine Verwaltungsräume, Halle für den »Haut Conseil«, Cafeteria und 4.700 qm für öffentliche Veranstaltungen.
Im Dezember 1981 wurde der Wettbewerb entschieden, und mit dem 1. Preis wurde die Architektengemeinschaft Jean Nouvel, Pierre Soria, Gilbert Lezènes und Architecture Studio (Martin Robain, Jean-François Galmiche, Rodo Tisnado und Jean-François Bonne) ausgezeichnet, die auch den Bauauftrag erhielt.
Mit dem Bau wurde im Winter 1983 begonnen und im Dezember 1987 wurde er offiziell eingeweiht.

Die Architektur
Entsprechend der funktionalen Zweiteilung des Instituts teilten die Architekten den Bau in zwei individuelle Elemente: den Museumsteil vorn an der Seine, der dem Straßenverlauf mit seiner weichgekrümmten Fassade folgt, und rückwärts den Veranstaltungsbau, bündig mit den anschließenden Hochbauten. Beide Teile sind an der Nahtstelle zur bestehenden Bebauung durch den Treppen-Aufzugs-Kern miteinander verbunden, anschließend aber durch den Innenhof und weiter zur Gebäudespitze hin durch einen schmalen Schlitz voneinander getrennt.
Der Bau fügt sich nicht nur mit seiner Höhe, sondern auch mit seinem Vokabular in das Universitätsviertel ein, dessen nordwestlichen Abschluß er bildet. Zum Nachbargebäude nach Süden wahrt der Bau mit dem plattenbelegten Hof freundlichen, jedoch klar definierten Abstand.
Es gibt drei Zugänge: den üblichen über den Kubus an der westlichen Hofseite und dann in den Hauptbau, den direkten Eingang zum Museum auf der Quai-Seite sowie eine Auffahrt für höchste Würdenträger über eine Rampe zwischen den beiden Flügeln, die ihre Autos befahren dürfen.
Nach außen wirkt der Bau sehr zurückhaltend und so, als ob hinter seinen Fassaden normale Büros lägen. Auf der Nordseite eine Vorhangwand mit engen waagerechten Sprossen, die aber wenig Aufschluß über die Anzahl der Geschosse geben. Auf der Südseite die 240 quadratischen Fassadenelemente, die jeweils wie die Ansammlung unterschiedlich großer Compurverschlüsse von Fotoapparaten aussehen (und auch so arbeiten). Und schließlich die Westecke, die einzige Stelle, an der das Skelett hinter den Glaswänden sichtbar und das Gebäude ablesbar wird und wo eine Betonspirale frei im Raum steht, der Bücherturm, das einzig prägnante Element aus Beton in diesem metallenen Bau.
Doch dieses äußere Gleichmaß birgt im Innern unterschiedliche Raumvolumina: die zweigeschossigen Museumssäle mit den balkonartigen Zwischengeschossen, den prachtvollen ruhigen Innenhof mit seinen sieben Geschosse hohen Wänden, den vier Geschosse hohen Raum der beiden Eingangs- und Kongreßhallen, an deren westlichem Ende jene Betonspirale steht, die bis zum Dach reicht.

Das IMA, wie das Arabische Institut meist genannt wird, von Norden, eingebunden in das straffe Bausystem der Universität (Naturwissenschaften), die auf dem Gelände der ehemaligen Halle de Vins steht.

Es gibt noch einen Raum, wenn auch untergeordneter Art, der die Stockwerksgrenzen sprengt: Die Aufzugshalle und das anschließende Treppenhaus im Südflügel zeigen, wie das Konzept der Transparenz auch bei solchen oft weggeschobenen Räumen durchgehalten wurde. Man soll während des Weges nach oben oder unten die vielen Ebenen des Hauses erleben können, man soll die wechselnden Perspektiven des Blicks nach außen genießen und, da alle Wände, auch die der Aufzugskabine, durchsichtig verglast sind, auch sehen, wer sonst noch die Besucher sind.
Alles, was Wand oder Stütze heißt, ist metallen oder aus Glas. Aber deswegen gehört der Bau weder zur Gruppe der High-Tech-Architektur, denn er macht nicht viel Aufhebens von der hervorragend neuartigen Anwendung dieser harten Baustoffe, noch besitzt er jene Kälte, die solcher technischen Architektur oft anhaftet. Es hat etwas mit der Art und Weise zu tun, wie die Architekten das Tageslicht in diesen Raum hereinlassen. Ungefiltert gelangt es nur an Nord- und Westseite des Bücherturms in den Bau, aber dort trifft es ganz schnell auf die Betonspirale. Die Nordseite hat hinter der durchsichtigen Vorhangwand aus Glas auf dessen Innenseite enggewebte textile Vorhänge. Diese haben eine zweifache Wirkung: Von außen betrachtet nehmen sie durch ihre helle Flächigkeit der Vorhangwand ihre harte Spiegelwirkung, und im Innern wirken sie wie ein Filter, sowohl für das einströmende Licht als auch für den Blick nach draußen, der aber noch möglich ist. Aus den »Löchern« der Außenwand werden wieder erfaßbare Wände und damit ebenso erfaßbare Raumbegrenzungen.
Gefragt, warum an der Südfassade die Fotoapparatblenden verwendet wurden, meinte Jean Nouvel in einem Interview: »Das beherrschende Element in der besten arabischen Architektur ist die Verwendung des Tageslichts als Baustoff. Wir kennen Sonnenblenden, die ›Maschrabijjeh‹ genannten Holzgitter und das Gegenlicht… Deshalb hielt ich es für dringend notwendig, daß das Tageslicht das wichtigste Element in unserem Projekt sein sollte. Die Südwand ist wie ein altes Maschrabijjeh entworfen worden, aber da das ein modernes Gebäude ist und wir weder in Ägypten oder überhaupt in Nordafrika leben, spiegelt sein Entwurf die Tageslichtverhältnisse in Paris wider. Ein unveränderbares Gitter müßte im Sommer eine andere Form als im Winter haben. Aber es gibt diesen wichtigen Widersinn, solche Architektur in unseren Breiten zu entwerfen. Mein Vorschlag war, jene ornamentalen Themen zu verwenden, wie sie in der großen arabischen Kultur der Alhambra existieren: Quadrat, Kreis, Stern und Polygon. Und nachdem Ornamente sehr oft durch Rotation entstehen, war die Idee der Foto-Blenden eigentlich ganz natürlich. Ihr Vorteil besteht darin, daß sie je nach Jahreszeit mehr Licht oder weniger durchlassen.«
Soweit Nouvel. Man muß aber hinzufügen, daß er hiermit keine platte Kopie arabischer Ornamentik betrieben hat, sondern daß hier höchst entwickelte westliche Technologie, nämlich die steuernden foto-elektrischen Zellen, eine technologische Geometrie aktiviert, die es auch, jedoch technologisch gesprochen äußerst rudimentär, in der arabischen Architektur der Maschrabijjeh gibt.
Der Tessiner Architekt Tita Carloni sprach von »einem phantastischen Effekt…, der gleichzeitig an islamische Muster erinnert und trotzdem von modernsten Konstruktionsmöglichkeiten zeugt«. Aber es ist keine Architektur, durch 30.000 Fotozellen erzeugt, kein mechanisches Spielzeug, sondern eine formale Zugabe, wie sie Nouvel einmal formulierte: »Tun Sie Ihre Arbeit, meine Herren Architekten! Und wenn Sie dann noch fähig sind, in das, was sie machen, auch die Kunst hineinzubringen, alors tant mieux!«
Den Architekten ist es bei diesem Bau gelungen, ihn in die Maßstäblichkeit seiner Nachbarbebauung einzubinden, gleichzeitig aber unverkennbarer und wohl auch monumentaler als diese zu sein. Er wahrt Distanz – durch den großen Hof, der schon fast ein Platz ist, oder durch die Undurchdringlichkeit der Wand aus Fotozellen, die über dem Erdgeschoß aufhören, dieses damit zum betretbaren Sockel machen. In ihm gibt es Eingangstüren, doch nicht den bedeutungsvollen Zugang wie etwa bei der Oper an der Bastille. Auch die Nordseite hat nur zwei Einschnitte in der Vorhangwand als Zugänge. Nichts soll die große Geste des Entwurfs stören.
Sein elementares Äußeres hat er unter anderem auch dadurch erreicht, daß der Vortragssaal nebst Pfeilerhalle-Foyer unter dem Platzboden neben den 75 Tiefgaragenplätzen liegt. Gleiches gilt für das Innere. Der Saal für den Haut Conseil oder der Innenhof, die Pfeiler-

Unten Lageplan mit der Seine.
Rechts Übersichts-Axonometrie (siehe Grundrisse Seite 68). Vorne das dem Straßenschwung folgende Museum, quadratischer Hof mit Gebäudeschlitz, dahinter der Bibliotheks- und Versammlungsteil.

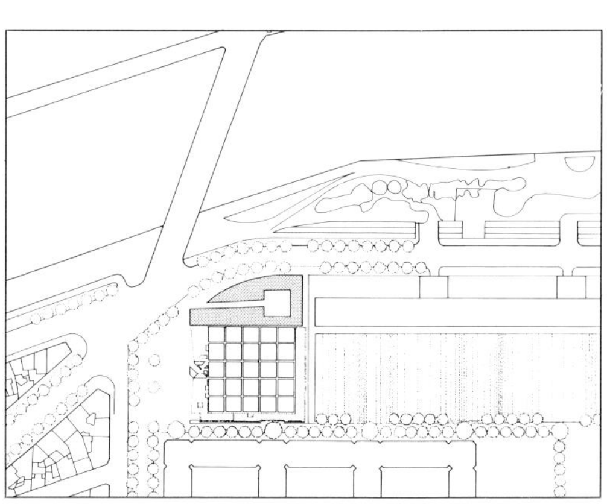

halle – sie sind in ihrer Leere, die Platz für das Denken läßt, am beeindruckendsten. Aber sie können viel Leben vertragen, ohne ihre Würde zu verlieren, wie das jüngst eine Spontan-Ausstellung in einer der Eingangshallen überzeugend dargeboten hat.

Das Institut ist von den Grands Projets vielleicht der wichtigste und zukunftsweisende Beitrag: Für sein städtisches Umfeld stellt er eine glückliche Bereicherung dar, ohne es zu dominieren. Und in seinem Innern ist das Institut ein prachtvolles Beispiel für die Verzahnung von unterschiedlichen Maßstäben und Räumen, die deshalb so überzeugend wirken, weil sie mit einem so kleinen, aber exzellenten Vokabular auskommen.

Es befindet sich in der Pariser Tradition der von gläsernen Fassaden bestimmten Gebäude: dem Bau der Redaktion »Parisien Libéré« von Chédanne (1904), dem »Maison de Verre« von Chareau (1928) und Le Corbusiers eigenem Haus in der Rue Nungesser-et-Coli, um nur drei wichtige Beispiele zu nennen.

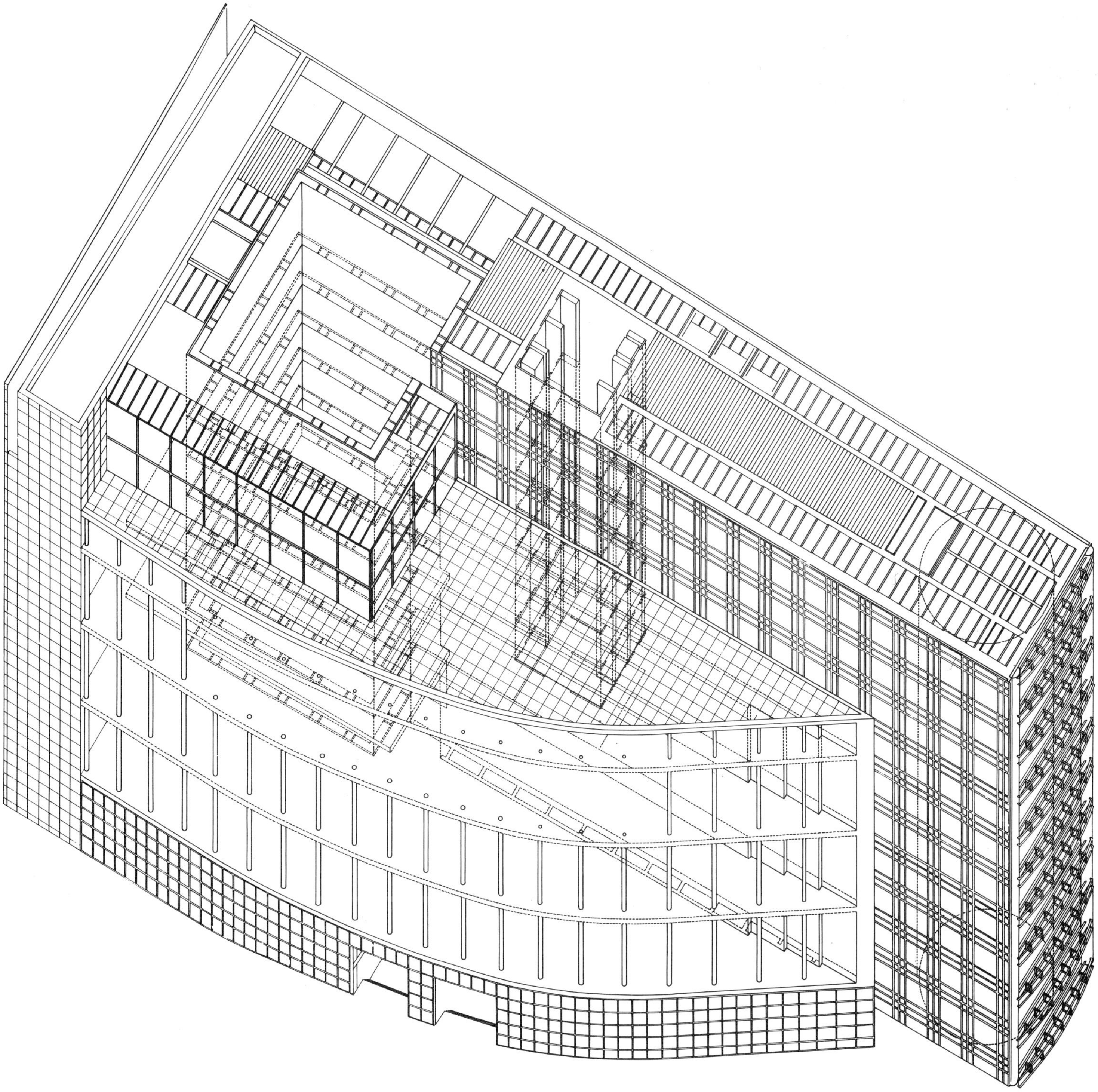

Die Seine-Front und der Einschnitt zwischen den beiden Gebäudeteilen. Durch die Übernahme von Traufhöhen, Rücksprüngen und Baufluchtlinien hat Nouvel das IMA meisterhaft in seine Umgebung eingebunden und ihm dabei aber auch eine starke Individualität gegeben. Rechts Ausschnitt der Hoffassade. Beherrschend sind die ins Heutige interpretierten alten arabischen Holzgitter.

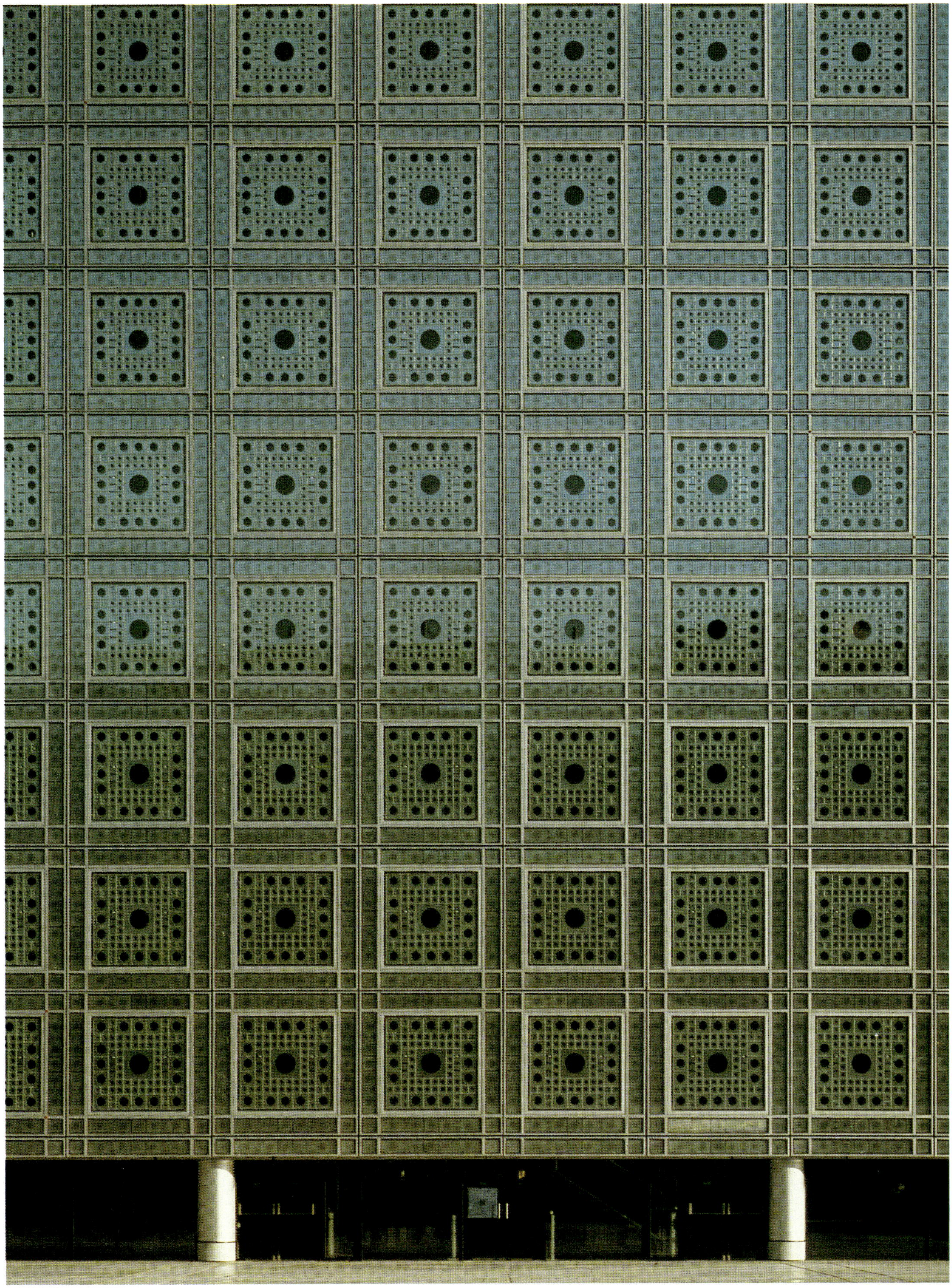

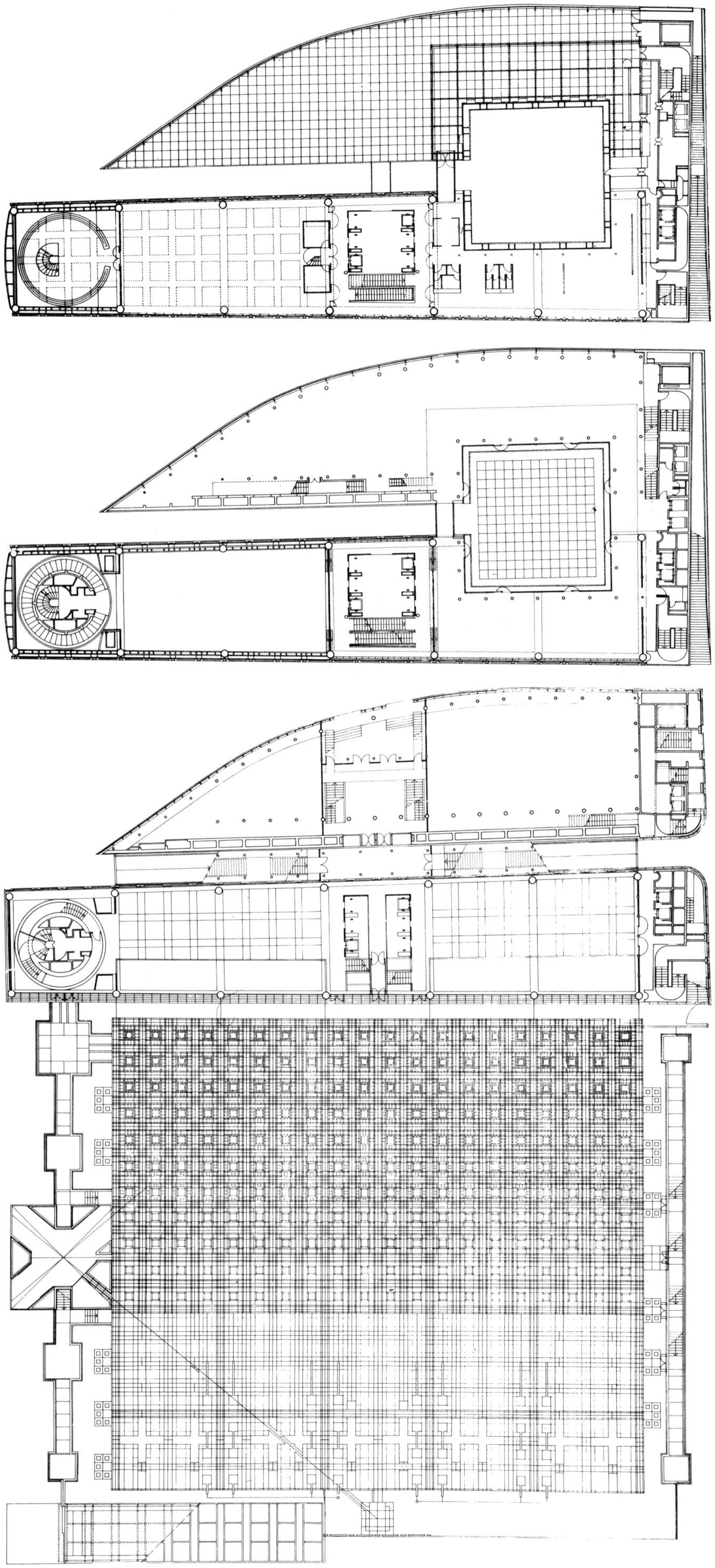

9. Obergeschoß mit Ratssaal, Cafeteria und Terrasse.
4. Obergeschoß mit Museum, Innenhof und Bibliothek.
Erdgeschoß mit Eingang, allgemeinen Hallen, Museum und gepflastertem Hof, an der linken Seite der Eingangspavillon.
Rechte Seite: Die Bücher-Inszenierung, wie man sie anderswo selten erleben kann, ist der Bücherturm bei Dunkelheit.

Das Thema der »Maschrabijjeh« aus der Nähe – fast wie ein High-Tech-Perpetuum mobile – und in Zusammenhang mit transparenten Glasscheiben und Notre Dame im Hintergrund.
Rechte Seite: Das andere, letzten Endes auch sehr arabische Thema in diesem Bau ist der Hof. Hier mehrgeschossig umbaut, mit ornamentalen Glaswänden umschlossen, die besonders geheimnisvoll wirken, wenn sie von rückwärts beleuchtet sind.

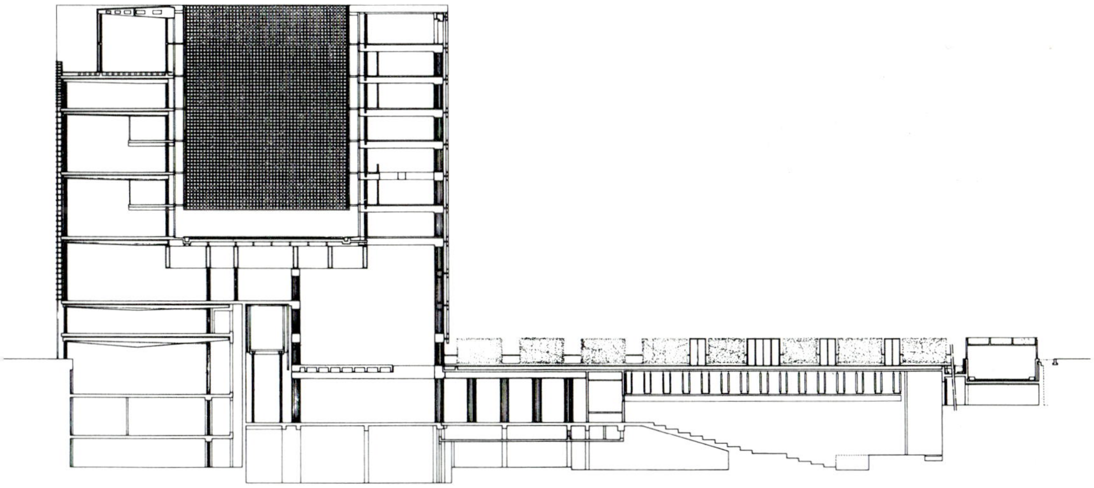

Nächste Doppelseite:
Der Bibliotheksturm, eine freistehende Betonspirale, zwischen zwei Maschrabijjeh-Wänden und der ganz verglasten Giebelwand, eine Mischung aus Kontemplation und Verlockung durch das Draußen (Seite 72 oben).
Zweigeschossiger Museumsraum mit halb so breitem Mezzanin. Alles ist hier hart: Metall und Glas sind vorherrschend. Die Exponate sind Leihgaben aus der arabisch-islamischen Abteilung des Louvre (Seite 72 unten).
Wo die Sicht am schönsten wird, hören die Bücherregale im Bibliotheksturm auf. Statt dessen gibt es eine aufregend schöne Halle (Seite 73).

»La Villette«

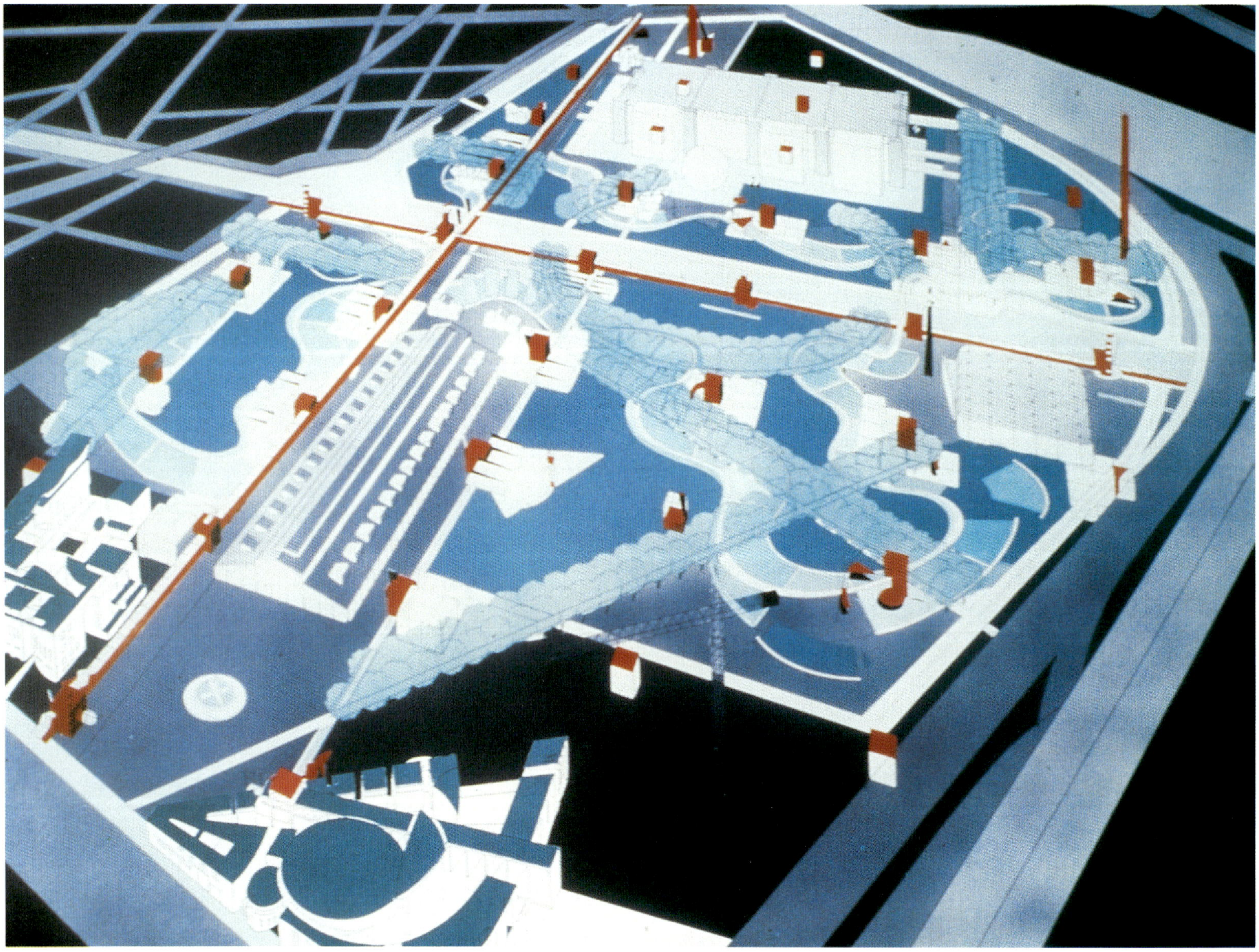

Das »kleine Städtchen« liegt im Nordosten von Paris, noch innerhalb der Stadtautobahn »Périphérique«. Im Westen wird es vom Canal Saint-Denis, im Süden von der Avenue Jean-Jaurès, im Osten vom Boulevard Serrurier und im Norden schließlich vom Boulevard Macdonald begrenzt. In West-Ost-Richtung teilt es der Canal de l'Ourcq, den der Canal Saint-Denis bei einem Wendebecken kreuzt, in zwei gleiche Teile. Die Fläche beträgt etwa 55 Hektar.

Die Geschichte

Hier haben immer Arbeiter gewohnt, und der größte Unternehmer waren die städtischen Schlachthöfe, die 1867 in Betrieb genommen wurden und zu ihrer Zeit als die modernsten in Europa galten. Was von diesem Komplex übriggeblieben ist, kann einem eine Vorstellung der ganzen Anlage vermitteln: Es ist die »Grande Halle aux Bœufs«, von einem Schüler Baltards, des Architekten der »Hallen« im Herzen von Paris, entworfen. Sie mißt 241 x 86 m. In den sechziger Jahren unseres Jahrhunderts wollte man die Schlachthöfe von Grund auf modernisieren – wie man ja auch die »Hallen« schleifte und ihre Funktion in weit größerem Maßstab und, das müssen auch Nostalgiker zugeben, viel effizienter nach Rungis verlegte. Doch die Realisierung blieb unvollendet. Der riesige Hallenkomplex nördlich des Canal de l'Ourcq blieb eine Rohbauruine. 1974 wurde der Schlachthof geschlossen.

Im Jahr 1979 beschloß der damalige Präsident Giscard d'Estaing, von den alten Hallen nur die Auktionshalle (»Salle des Ventes«) zu erhalten und in ihr ein Museum für Naturwissenschaften, Technologie und Industrie einzurichten. Mit dieser Entscheidung wollte Giscard zwei Probleme lösen: Schaffung eines Technik-Museums, das es bisher in Frankreich nicht gab, und Lösung der finanziellen und politischen Fragen in Zusammenhang mit der Zukunft für den nie vollendeten Schlachthof. Zu diesem Zeitpunkt tauchten schon, wenn auch peripher, Vorstellungen von einem Park und einer Musikeinrichtung auf.

Vorher war bereits der französische Architekt Taillibert mit einer Umbaustudie der Hallen beauftragt worden, doch erst 1979 konnte ein Wettbewerb ausgeschrieben werden, den Adrien Fainsilber gewann. Er wurde mit der Ausführung beauftragt und darin auch von der neuen Regierung bestätigt.

Die Regierung unter Präsident Mitterrand ging aber das Problem La Villette auf einer wesentlich breiteren Grundlage an. 1982 entschloß man sich, La Villette insgesamt zu einem kulturellen Komplex zu machen und bestehende Planungen in dieses Konzept, wenn möglich, zu integrieren, nicht aber Fainsilbers Gesamtkonzept für das Areal.

Der zweite Fixpunkt für zukünftige Entwicklungen war die Grande Halle. Damit blieb für weitere Themen und Aktivitäten nur noch wenig Spielraum. Um so erstaunlicher ist das Ergebnis.

Der Wettbewerb

Sieger des im März 1983 entschiedenen international ausgeschriebenen Wettbewerbs mit 471 Einsendungen aus 39 Ländern war der damals 39 Jahre alte Bernard Tschumi.

Sein Entwurf fügte sich weder in die französische Tradition der Gartenkunst ein noch griff er topologische und typische Elemente auf, die das 700 x 1.000 m große Grundstück bot. Es war weder ein französischer noch ein englischer Garten, es war etwas ganz anderes, nämlich ein städtischer Freiraum neuer Provenienz. Also weder »Park« noch »Parc«. Statt dessen überzog er das Gebiet mit einer abstrakt erscheinenden Ordnungsstruktur, die er in drei Schichten gliederte: Punkt, Linie und Fläche.

Am auffallendsten als Ordnungsraster sind die Punkte: rot angestrichene, rudimentäre Würfel mit einer Kantenlänge von 10,8 m, die über einem 120-m-Raster auf dem Gelände verteilt sind. Sie werden Folies genannt.

Ihre wirksamste Bezugslinie ist die über die ganze Nord-Süd-Ausdehnung gezogene Galerie, eine Art Metall-Pergola mit einem wellenförmig auf- und abschwingenden Dach aus gewelltem Aluminium, eine Galerie, die bei der Kanalüberquerung zur Brücke wird.

Der Ingenieur für die Galerien ist der englische Konstrukteur Peter Rice, wie überhaupt von Tschumi außer dem Grundkonzept nur die Folies entworfen wurden und andere Architekten die Einzelbauten errichteten.

Die Computerzeichnung verdeutlicht die verschiedenen Ordnungselemente: Folies, Galerien, Wiesen zwischen den alten und neuen Großbauten.

Die zweite Galerie verläuft parallel zum Canal de l'Ourcq und ist als Steg in etwa 3 m Höhe ausgebildet, von dem man wechselnde Panoramablicke hat. Wo er und die Nord-Süd-Galerie kreuzen, gibt es das zum Informationsstand, Treffpunkt und Café ausgeweitete Folie. Hier hat Tschumi sein Kubus-Thema um das von Zylinder – also Kreis – und rechtwinkligem Dreieck zu einem raffinierten Ensemble erweitert.
Die Stützkonstruktionen dieser Galerien sind das Gegenteil einer »Less is more-Architektur«. Sie sollen körperhaft sein, dem Betrachter zeigen, was sie tragen, und ihn anregen, sich über Konstruktion und Form Gedanken zu machen. Beim Steg ist das verhältnismäßig einfach gemacht. Ein aus zwei Dreieckfachwerkstützen zusammengestellter Bock wird vielfach abgespannt und trägt den Stegtrog. Zwischenstützen sind einseitig und schräg am Stegtrog befestigt. Um tragen zu können, haben sie unter dem Steg eine Andreaskreuz-Versteifung.
Bei der Nord-Süd-Galerie wird dieses Thema des Verrückens variiert und gesteigert. Die Stützen befinden sich nur an einer Seite des Daches, die Hauptstütze ist entsprechend weg vom Dach geneigt und wird durch eine Spreizstütze vor dem Kippen bewahrt. Sie tragen die brückenartige Tragkonstruktion, einen liegenden Mast mit quadratischem Querschnitt aus Rohren oder an anderer Stelle einen einfachen Fachwerkträger. Darunter befinden sich Querträger aus I-Profilen und unter diesen hängt das Dach.
Alles außer dem Dach ist knallrot wie die Folies angestrichen und wirkt wirklich wie eine beherrschende kräftige Linie, die das Gelände mit großer Geste zusammenfaßt.
Ein vom Kanal unterbrochener kreisförmig geführter Weg und weiter südlich zwei sich im schiefen Winkel kreuzende Weglinien vervollständigen das »rationale« Liniengerüst. In ihrer Mitte liegen die beiden großen Rasenflächen im »Parc«, das Dreieck und der Kreis.
Die Wegeführungen sind überhaupt nicht zufällig, denn sie verbinden auf kürzestem Wege – wie die Trampelpfade in einem künstlerisch angelegten Garten – die Aktivitätszentren untereinander und mit der Metro.
Dann gibt es – wie eine Paraphrase davon – einen gewundenen, sich schlängelnden Pfad, dessen Breite immer wieder verändert wird. Wegen der ständig wechselnden Eindrücke und Ausblicke nennt man ihn »Filmpromenade«.
Und schließlich die dritte Ordnungsfigur: die Fläche. Neben den zwei großen Wiesenflächen, die für alles und jeden da sind, gibt es Gartenbereiche, die als abgeschlossene Erlebnisräume gedacht sind. So hat der Gartenarchitekt Alexandre Chemetoff einen Bambusgarten sechs Meter tief abgesenkt, damit die Besucher abgeschirmt vom Trubel Ruhe finden, meditieren können. Ähnliches tat Gilles Vexlard mit seinem Weingarten: Er senkte ihn ab, damit er einen Hang erhielt, auf dem die Sonne wirksamer die Reben bescheint. Oder Alain Plélissier: Er entwarf einen Wassergarten, in welchem eine komplizierte Maschinerie den Eindruck einer sich brechenden Welle erzeugt.
Von den zahlreichen anderen Architekten und Designern, die innerhalb des Tschumi-Gerüstes kleinere Bauten errichteten, sollte man folgende erwähnen: Cedric Price mit einem begehbaren Gewächshaus, Jean Nouvel mit der Galerie für elektronische Spiele, Gaetano Pesces' Kinderhaus, die einbetonierten Stahlstühle von Philippe Starck, einen kleinen Pavillon von Oscar Tusquets.
Mit den Bauten wurde im Herbst 1984 begonnen, doch noch ist jetzt, Ende 1991, die Arbeit nicht vollendet. Erst 19 der geplanten 30 Folies stehen. Über andere Zubauten ist noch nicht endgültig entschieden.

Die Architektur

So wie der Parc de la Villette als Projekt der Hauptstadtbauten ein Sonderfall ist, demonstrieren auch die von Tschumi gezeigten Architekturformen diese Ausnahme.
Diese Form reicht vom Städtebau bis zum Detail. Da für ihn die Villette kein jungfräuliches Land war, sondern innerhalb der Stadt in einem Mischgebiet aus Industrie und Wohnbevölkerung liegt, mußte man neue Begriffe und damit auch entsprechende Formen finden. Das Ergebnis war das Gegenteil von französischem Park ebenso wie vom englischen Garten, es war das »Centre culturel en plein air«, wobei unter Kultur hier alles verstanden wird zwischen Leibeskultur und High Tech; aber auch, daß Stadtkultur in diesem »Park«, ja daß Stadt als solche sichtbar, spürbar da sein sollte.

Gegenüber diesem Modell hat sich die Cité de la Musique in ihrem Westteil geändert.

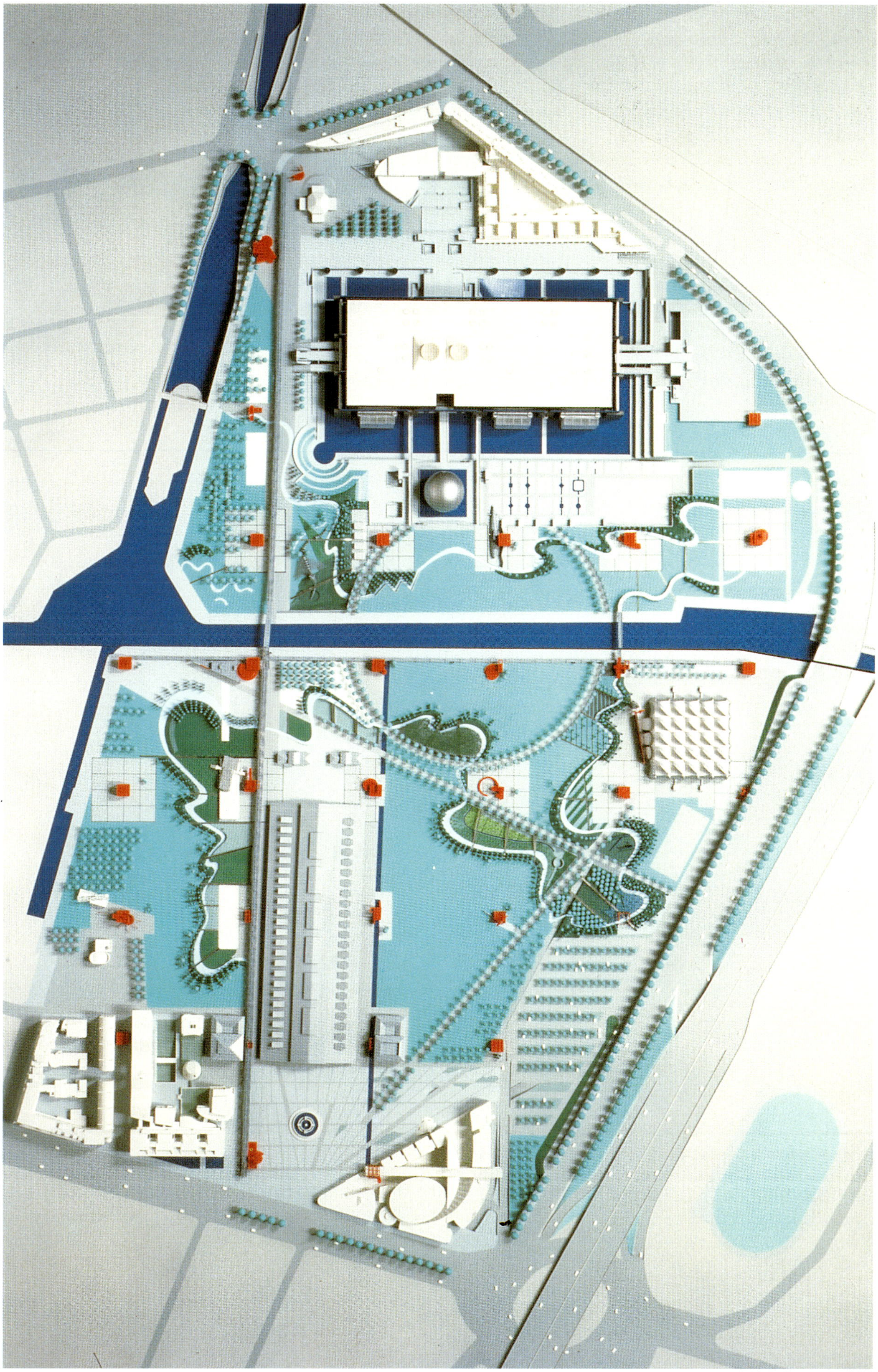

Noch ist La Villette als Fragment in dieser Argumentation nicht ganz verständlich. Und der Außenstehende (oder auch Ausländer) sieht hier mehr von der Weiterführung rational-intellektuellen Selbstverständnisses und Selbstdarstellung französischer Kultur, in die auch das fast spöttische Spiel der Folies so gut hineinpaßt. Sie machen auf viele Betrachter den Eindruck von Augenzwinkern, aber auch von Gewalt, von Humor, aber ebenso von Übermut.

Sie sind das absolute Gegenteil sowohl der Pei-Pyramide als auch der Grande Arche in der Défense. Und der gegliederte Freiraum in La Villette ist Äonen vom Parvis der Défense entfernt. Fainsilbers verworfenes Gesamtkonzept wirkt demgegenüber sehr antiquiert.

Aber die Folies und ihre auch in der Realität spürbare und wirksame Ordnung haben erreicht, daß solche Gegensätze wie Technik-Museum, Grande Halle und Cité de la Musique in einen verständlichen Zusammenhalt gebracht wurden, eine Einheit bilden.

Noch fehlt das Gegenstück zum Musikkonservatorium, das Konzertsaal-Ensemble im Süden. Ebenso Verwaltung und einige Wohnbauten im Westen auf der Höhe der Grande Halle, besonders auch die restlichen Folies.

Erst dann wird man den Parc an seinem Konzept prüfen können, das das Gegensätzliche, das Nebeneinander, die Mischung heterogener Elemente wollte, um damit das Gegenteil von Idylle zu sein, nämlich Abbild unserer Gesellschaft und ihrer Städte.

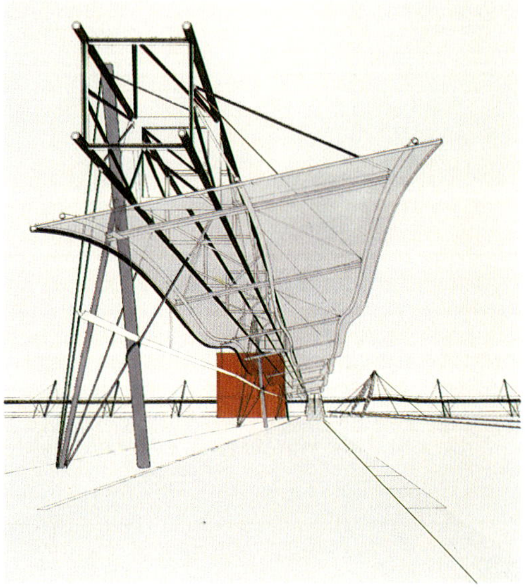

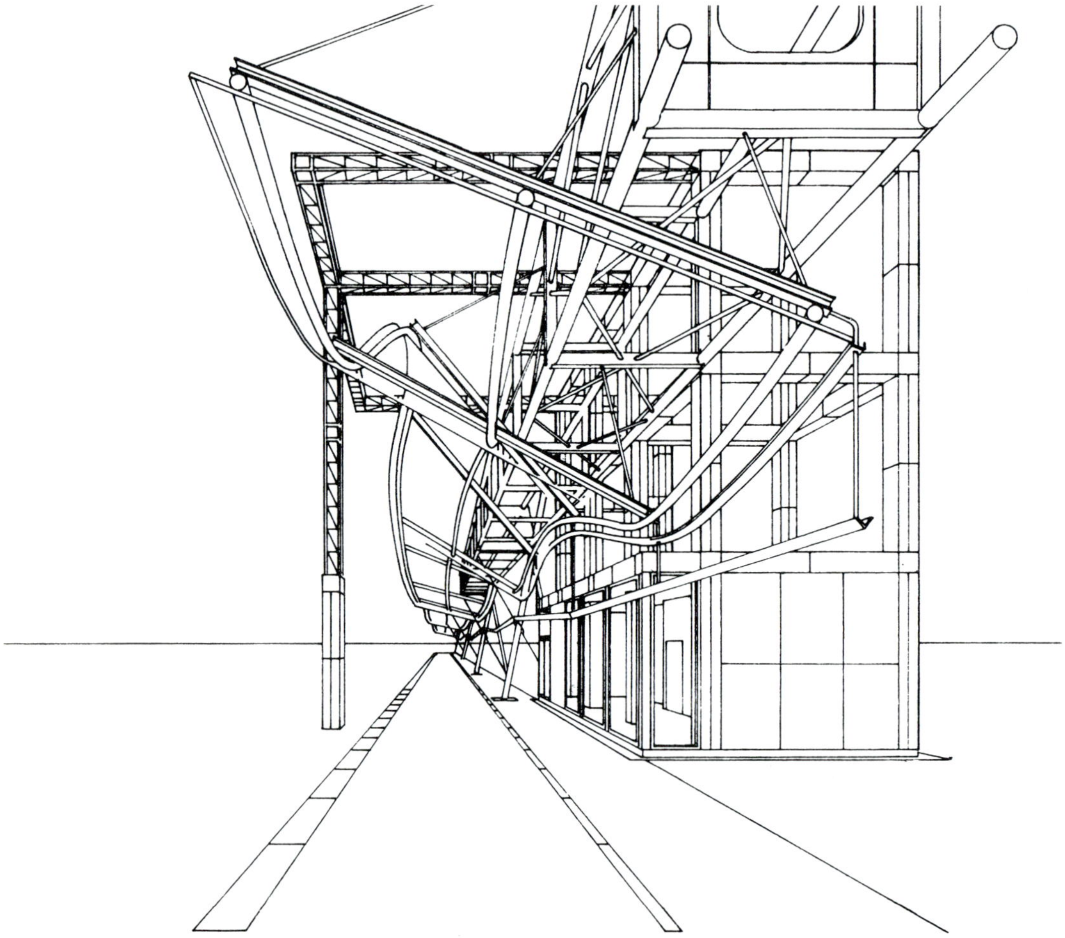

Wie die Galerien strukturell zusammengesetzt sind, hat Tschumi in verschiedenen Darstellungstechniken gezeigt. In beiden hier abgebildeten Versionen werden darüber hinaus auch die räumliche Qualität sowie das Zusammentreffen eines Folie mit der Galerie deutlich. In jedem Fall ist sie das Gegenteil einer ruhigen Arkade: Action, Überraschung, intellektuelles Spiel.

Rechte Seite: Die Konfrontation zwischen 19. und 20. Jahrhundert wurde gesucht und hat manche Besucher geschreckt, während die meisten so etwas selbstverständlich finden.

La Cité de la Musique

Hier im Süden des Parks entsteht ein Zugang von imposanten Ausmaßen und großer Anziehungskraft für La Villette: Die Cité de la Musique bildet mit ihren beiden durchaus unterschiedlichen Baugruppen gewissermaßen die Torbauten, die Mitte ist frei, man erkennt als Abschluß eines großen Platzes den Giebel der Grande Halle. Links definieren ein Folie und die Front der Nord-Süd-Galerie den Zugang zum Nordteil, während, sobald man den Platz betreten hat, der Blick auf die silbrig schimmernde Halle des Zénith fällt. In der Mitte des Platzes ein Löwenbrunnen, in seiner Pathetik reines 19. Jahrhundert, hier aber überraschenderweise gar nicht fehl am Platze. Die Freifläche ist ein gedrücktes Rechteck (120 x 100 m) und wird demnächst an den beiden südlichen Ecken streng symmetrisch von zwei Folies flankiert. Damit ist die Axialität auch schon zu Ende, und ganz im Sinne von Tschumis Verrücktheiten wird so die Grenze des Parks definiert. Der Westteil der Cité de la Musique folgt den Achsen des Parks, doch die Straßenseite bildet eine flache Konkave. Den Übergang zur Straße wird ein Wasserbecken übernehmen. Vor dem Platz entsteht wegen des schrägen Grundstückanschnittes eine dreieckförmige Vorzone, die man aber nur unterschwellig wahrnimmt, denn bis fast zur Mittelachse des Platzes stößt der Keil der östlichen Musik-Baugruppe vor. Er schließt mit seinen Einzelelementen den Park parallel zur Avenue Jean-Jaurès ab. Noch ist dieser Teil im Bau, so daß man seine endgültige Wirkung erst erahnen kann, doch vieles deutet darauf hin, daß er die gleiche architektonische Kraft wie sein Gegenüber haben wird.

Der Wettbewerb

Bevor ein nationaler Architektenwettbewerb im Jahr 1984 ausgeschrieben wurde, gab es Pläne, in La Villette das ehrwürdige Conservatoire national supérieur de musique anzusiedeln, das sich am bisherigen Standort, der Rue de Madrid, nicht ausdehnen konnte und weder einen Saal für Konzerte noch genügend Übungsräume für die Studenten besaß.
Im März 1982 verkündete der Präsident die Planung für La Villette und die Cité de la Musique, und im Januar 1985 wurden Christian de Portzamparc (1944) der 1. Preis und der Auftrag zuerkannt.

Die Architektur

Ein gutes Jahr später begann der Bau des Westteils mit dem schulischen Teil des Konservatoriums (der östliche nimmt die öffentlichen Bereiche auf). Für die Schule entwickelte der Architekt ein System von vier ähnlich breiten Hausstreifen, die sich zur Avenue Jean-Jaurès als schlanke Türme darbieten. Die Streifen haben eine unterschiedliche Länge, die jeweils von Inhalt und Funktion des betreffenden Streifens abhängt. Sie nehmen die alten Schlachthofachsen auf.
Alle haben in den Kopfbauten Unterrichts- und Proberäume, der westlichste und längste Streifen beherbergt noch das Internat. Der dann folgende hört praktisch hinter dem Nord-Süd-Verbindungsgang auf, und der vierte, also am Löwen-Platz liegende, beherbergt den Unterrichtssaal für Tanz.
Alle Säle – Konzertsäle, Orgelsaal oder Rezitativ-Saal – liegen im Erd- und hauptsächlich Untergeschoß und treten nach außen in ihren Volumen deshalb nicht in Erscheinung. Es gibt eine für den Unkundigen etwas verwirrende Zugangslösung über verschiedene, sehr schön geführte Treppen und den tief abgesenkten Innenhof.
Diese vier Hausstreifen werden an der Stadtseite durch ein riesiges Vordach zusammengefaßt, das wie ein amerikanisches aufgeklapptes Mützenschild wirkt und von weitem an Le Corbusiers Dach des Justizpalastes in Chandigarh erinnert. Doch anders als dessen béton brut sind bei de Portzamparc Hauswände und Dachunterseite mit weißen Platten makellos verkleidet.
Den nördlichen Hausstreifen deckt ein Betondach, dessen Profil wie eine schnell skizzierte Welle aussieht: ohne Bindung an einfache Geometrien oder Wiederholung einer Kurve und im Westen fast wie ein verlöschender Ton ausklingend.
Auch der Baukörper dieses Hausstreifens entfernt sich von traditionellen Formen. Nur beim Internat bestimmen Größe und Rhythmus der Zimmer die Fassade. Über dem Restaurant sind mehrere Achsfelder ausgespart, und in die Öffnung ist ein Betonelement wie eine überhöhte Orchestermuschel hineingesetzt. Ihr antwortet – unter dem gleichen Dach –

Die Cité de la Musique (zusammen mit dem gegenüberliegenden Wohnbau) und ihre Rolle als wichtige Torbauten zum Park und für Ost-Paris wollte de Portzamparc in seiner Zeichnung herausarbeiten.

Es sind die Brüche, die scheinbaren Ungereimtheiten bei diesem Bau, die ihn interessant machen, weil trotz dieser Interventionen die Gesamtgestalt nicht gestört, sondern im Gegenteil in ihrer großen Geste unterstützt wird.

ein Giebel, der an Schiffsaufbauten erinnert. Über der Orgelhalle ragt ein unsymmetrischer, schräg abgeschnittener Kegel aus dem Boden – wieder ein Le-Corbusier-Motiv –, und geschwungene Fassaden enden manchmal abrupt. De Portzamparcs elegante Fragmentierung des gesamten Baues hat man zu Recht eine Architektur nach Art der Minerale genannt: voller Brüche und Überraschungen, Einknickungen und Asymmetrien. Ebenso könnte man diesen Bau in seiner lyrischen Delikatesse mit einer atonalen Komposition Arnold Schönbergs vergleichen.

Solche – und ähnliche – Abweichungen von üblicher Rechter-Winkel-Ordnung haben natürlich auch sehr viel mit den akustischen Notwendigkeiten zu tun, die vom kleinsten Übungszimmer bis zum Mehrzwecksaal die Gestalt der Innenräume bestimmen.

Neben den Räumen für die Praxis sind die der Theorie gleichberechtigt vertreten und untergebracht: Mediathek, audiovisuelles Zentrum, Musikbibliothek; dazu Cafeteria, Sporteinrichtungen, all das ist an dem Ost-West-Flur beziehungsweise den senkrecht dazu verlaufenden Untergeschossen – mit Tageslicht vom abgesenkten Hof – aufgefädelt. Die im Äußern wirksame Fragmentierung hat vor der funktionalen Ordnung haltgemacht, was nur sinnvoll ist.

Bei der östlichen Gebäudegruppe war Fragmentierung des Gesamten schon durch die Heterogenität der Räume naheliegend.

Den Kern bildet hier ein Konzertsaal auf ovalem Grundriß, dessen eingeschriebenes Rechteck so in der Höhe versetzbar ist, daß sich die Zahl der Sitzplätze von 800 auf 1.200 verändern läßt, so daß hier praktisch jede Form der Relation von Orchester und Zuhörern verwirklicht werden kann und damit auch die akustischen Verhältnisse ad infinitum veränderbar sind. Dies ist besonders wichtig, weil dieser Konzertsaal nicht nur für das Conservatoire gedacht ist, sondern auch dem Ensemble Intercontemporain von Pierre Boulez zur Verfügung stehen wird.

Dazu lineare Elemente: Das Museum für Musikinstrumente ist in einer großen ansteigenden Geraden untergebracht, und alle Teile durchstoßend, bietet die geneigte Galerie eine Tour durch die Welt jener Töne an, die von Instrumenten erzeugt werden. Dazu das wie eine Spirale um die Konzerthalle gewundene Foyer. Über die ganze Länge wird dieser Bauteil an der Avenue Jean-Jaurès kontinuierlich von zwei auf vier Geschosse wachsen und die einzelnen Abschnitte durch Passagen, Unterbrechungen, Wechsel von gerade zu konvex in Einzelteile rhythmisieren, also fragmentieren. Im Innern der Baugruppe können dadurch sehr unterschiedliche Hoffiguren entstehen, die den Bau wie eine begehbare Plastik erlebbar machen. Der Architekt hat diesen Bauteil eine Metapher für eine Stadt der Zukunft genannt, während für ihn der westliche, schon benutzte Teil der Tradition von Paris verhaftet sei und eine Erweiterung von ihr bedeute. So sei er viel stärker Teil der kontinuierlichen Fassade der Avenue Jean-Jaurès, wohingegen der Ostbau mehr zum Park gehöre, phantasievoller sein dürfe, da er sich von den Regeln traditioneller Stadtformen gelöst habe. Daraus resultiert die Asymmetrie der Eingangssituation, zwar weitgehend beeinflußt durch die verschiedenen Raumprogramme der beiden Bauten, aber durchaus begrüßt, um der Achse der Grande Halle – Erinnerung an die von vielen Menschen gar nicht hochgeschätzten Schlachthöfe – möglichst wenig Bedeutung zu geben. Sonst, so de Portzamparc weiter, »würde ein akademischer Entwurf entstanden sein, der nichts mehr mit der Avenue Jean-Jaurès zu tun hätte. Diese so entstandene große Dreiecksfläche in unserem Projekt ist alles andere als eine traditionelle Komposition, sie markiert das Ende der Stadt, indem sie den Park dahin orientiert, sie rahmt für den Spaziergänger auf der Avenue den Park ein und weist in einer Folge von überraschenden Durchblicken auf die Bedeutung dieses Parks. Hier wird gezeigt, wie ein Stadteingang zelebriert wird, wenn man von der Porte de Pantin hineinkommt, aber auch, wie man an dieser für das Stadtganze wichtigen Stelle im Detail eine Avenue schließen kann.«

Das Pendant zu diesem dekonstruktivistisch konzipierten Stadttor befindet sich am südlichen Ende der Avenue Jean-Jaurès, am Ende des Bassins de la Villette. Hier erbaute Claude-Nicolas Ledoux im Jahr 1775 jene Rotonde de la Villette, eines seiner Zollhäuser der Fermiers-Généraux.

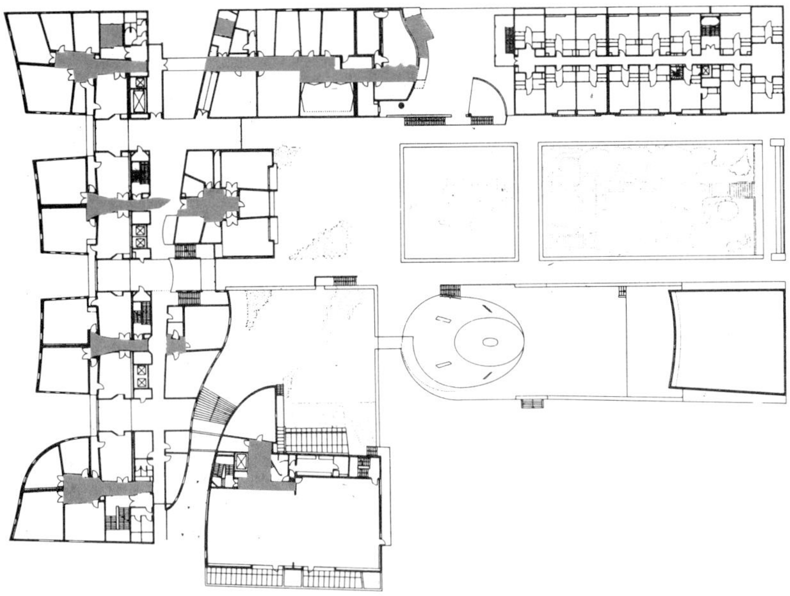

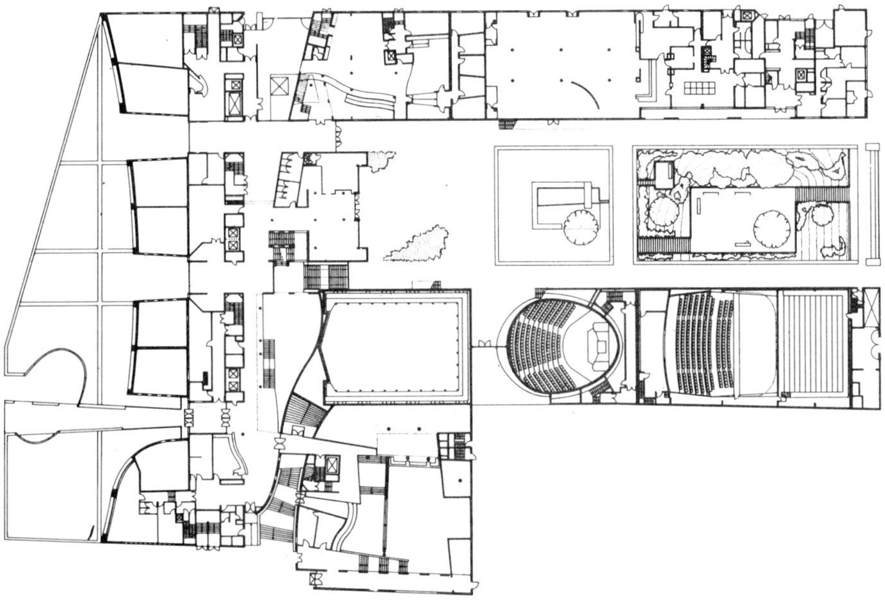

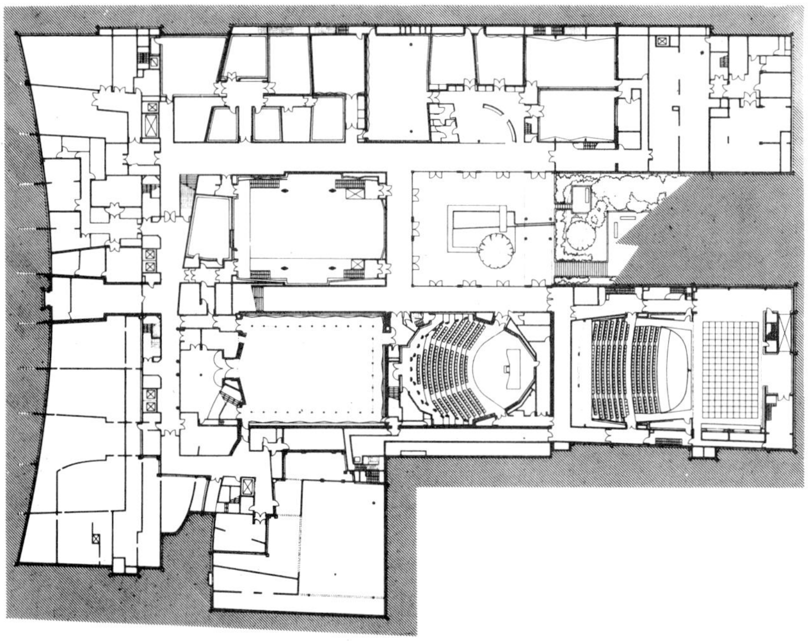

Normalgeschoß mit Übungsräumen, Internat und Tanzsaal.
Erdgeschoß mit Mediathek und Restaurant.
Zweites Untergeschoß mit den Sälen, Orchesterprobe und Audiovision.

Schnitt-Axonometrie, die besonders auf die Lage der Säle verweist.
Das Foto zeigt den abgesenkten Hof zwischen dem Orgelsaal (links), dem Internatsbau und dem Eingangsbau.

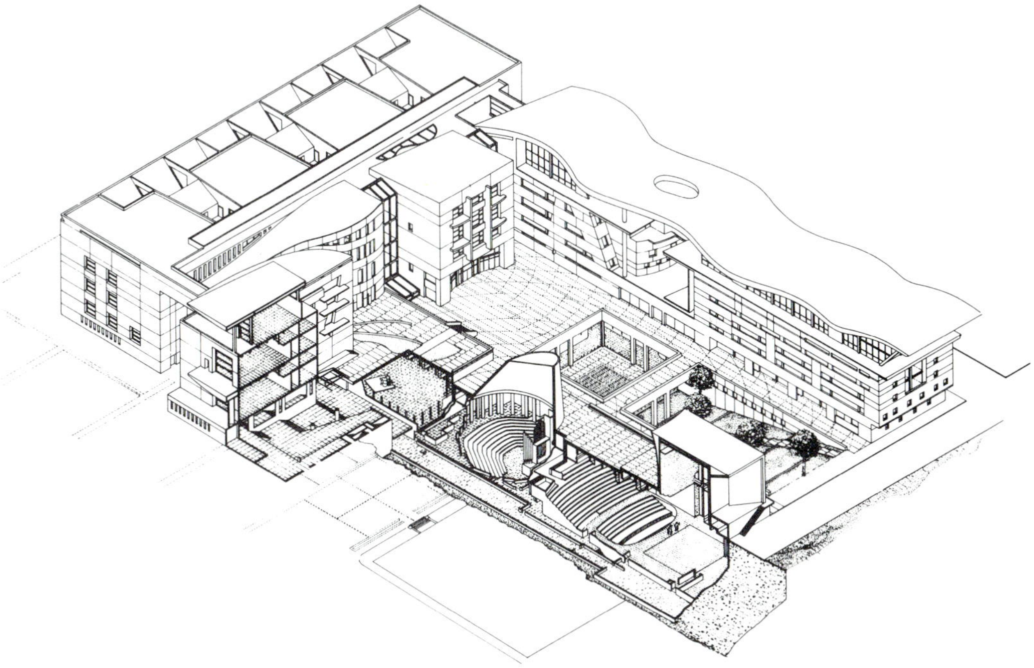

Die Individualisierung einzelner Bauteile (oben) sowie die sich daraus ergebenden Collagen sind das ständige Thema von Christian de Portzamparc, das gerade beim Westflügel meisterhaft variiert wird. Das vereinheitlichende Moment ist hier auch die weiße Farbe, die nur punktuell und in weiser Ökonomie von Farbakzenten unterbrochen wird.

Bei diesem Saal wird einsichtig, daß das Wellendach auf dem südlichen Flügel nicht einer formellen Spielerei entsprang, sondern den darunterliegenden Räumen seine Existenz verdankt.

Tanzsaal, Instrumentenübungsräume, alle vermeiden den totalen rechten Winkel aus akustischen Gründen.
Schwünge in den Decken und Wänden, gebrochen abgeschrägte Fensterfronten entsprechen aber nicht nur diesen Notwendigkeiten, sondern bereichern die Übungsräume in ihrer Raumqualität.

Der Ostflügel in der perspektivischen Analyse der Computerdarstellung und in der Ansicht von der Avenue Jean-Jaurès.
Hier wird mit Eifer und Lust eine Collage aus ineinandergeschobenen Raumelementen zusammengestellt, die sowohl zum Westflügel, zwei Jahre älter, als auch zur Grande Halle, 130 Jahre älter, bewußten Kontrast sucht.
Rechte Seite: Die Schnitt-Axonometrie des großen Konzertsaales und seine möglichen Bestuhlungen. 1, 2, 4 für Sinfonieorchester mit frontaler Ochesterplazierung, 3 mit zentraler Orchestersituierung, wie sie Pierre Boulez wünscht.

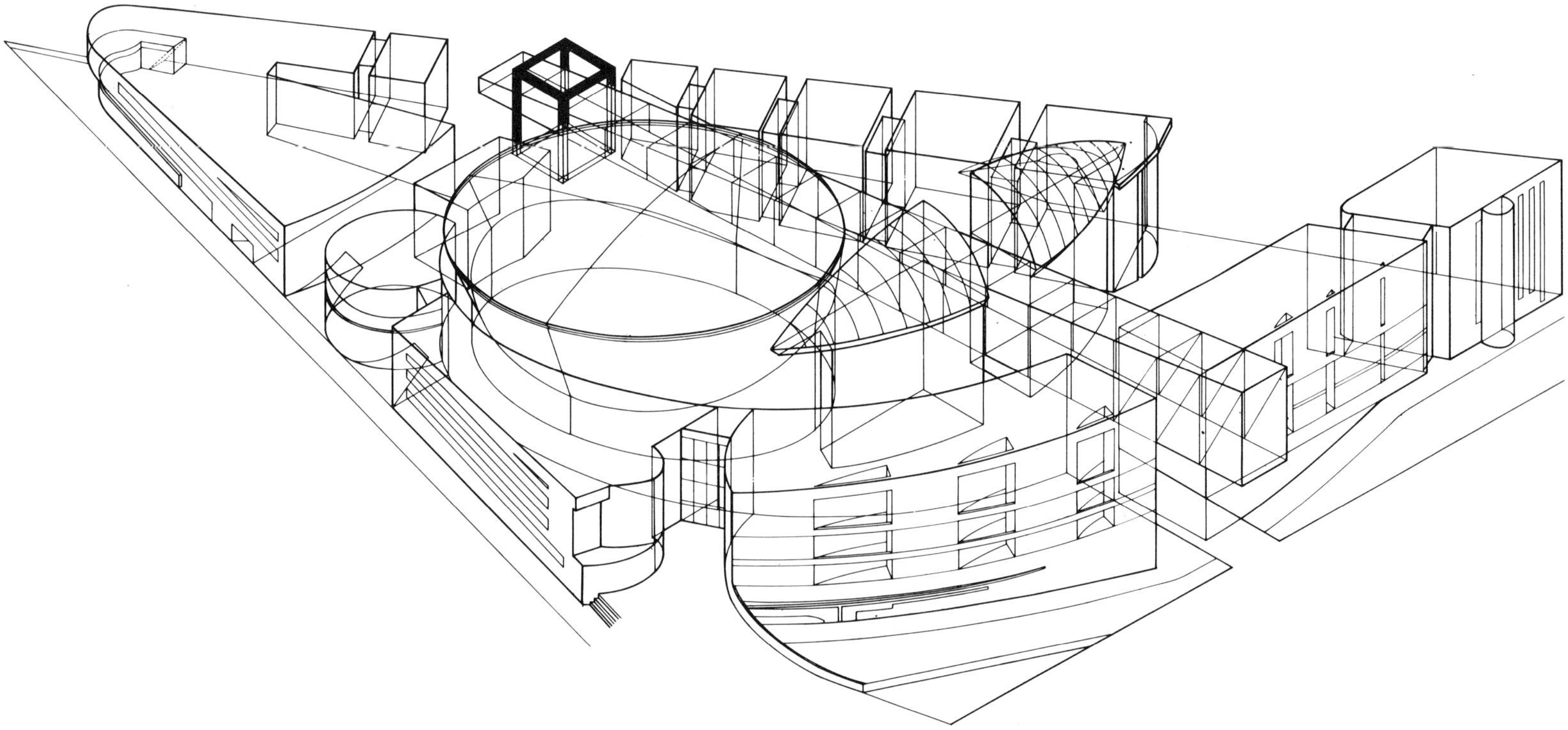

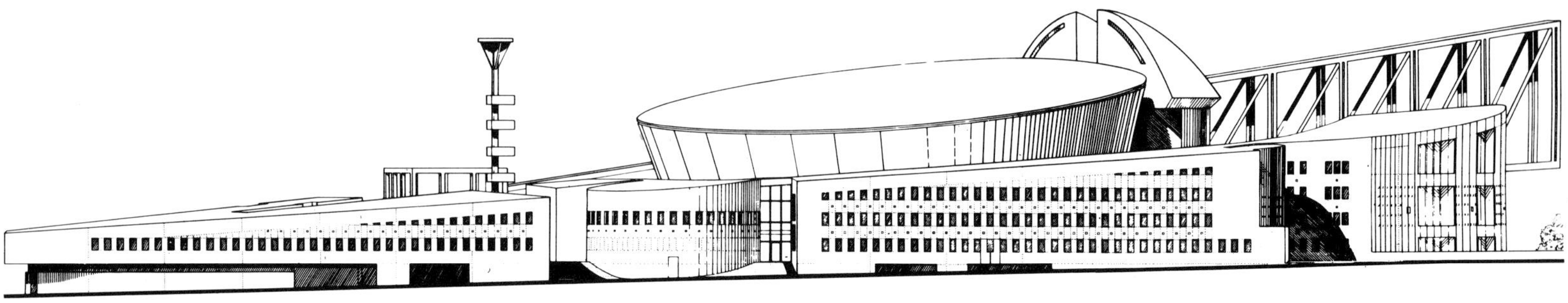

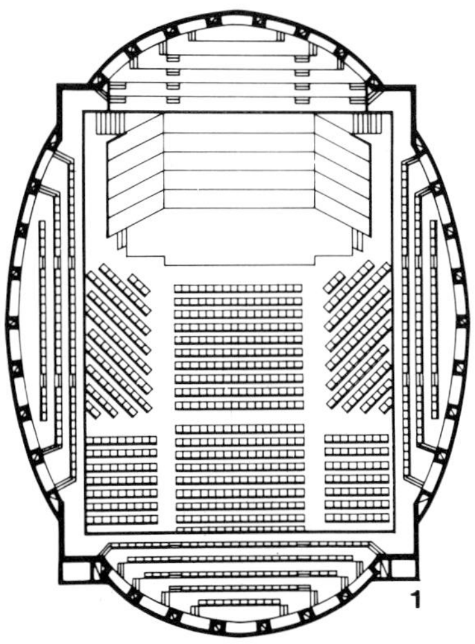
1

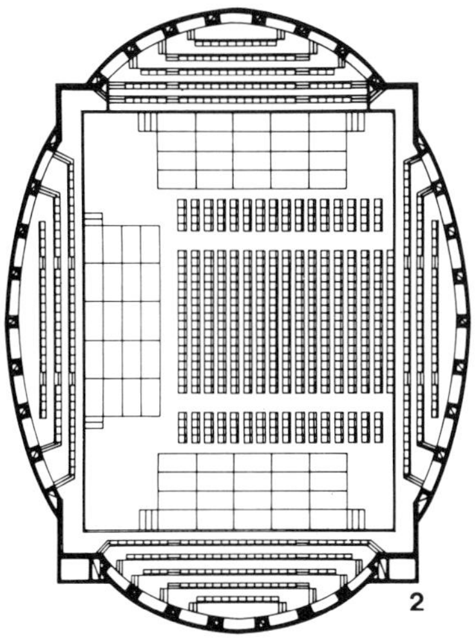
2

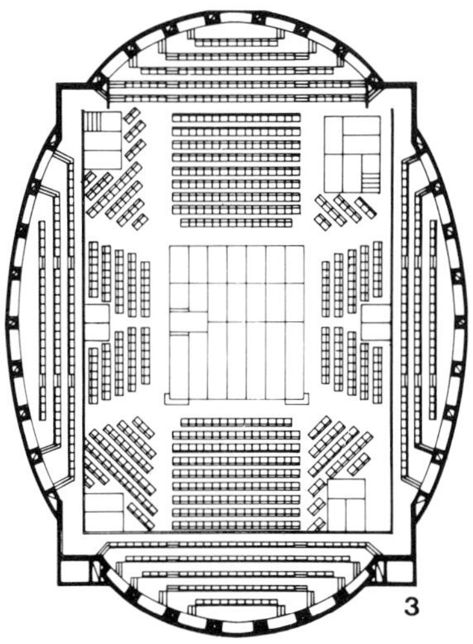
3

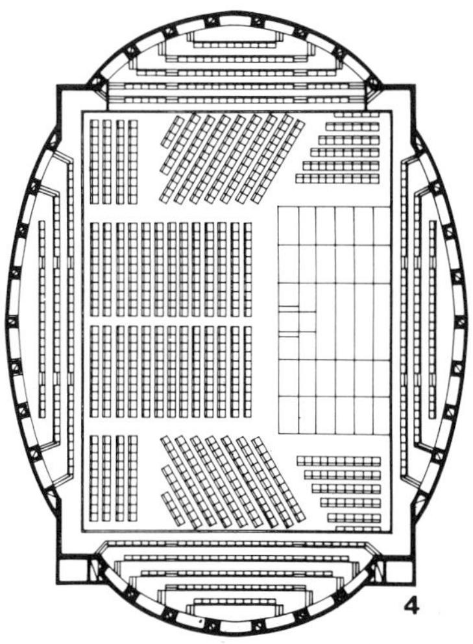
4

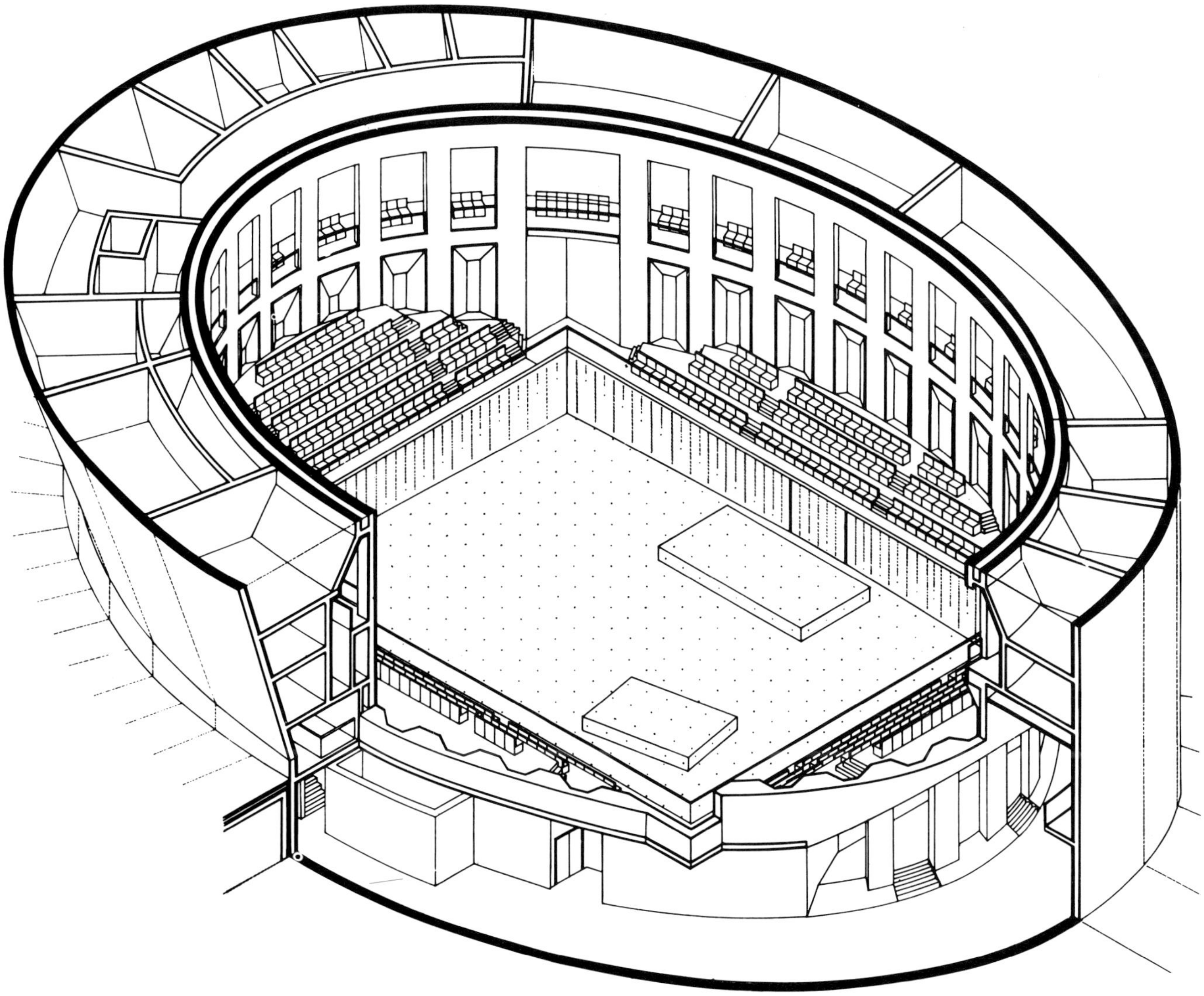

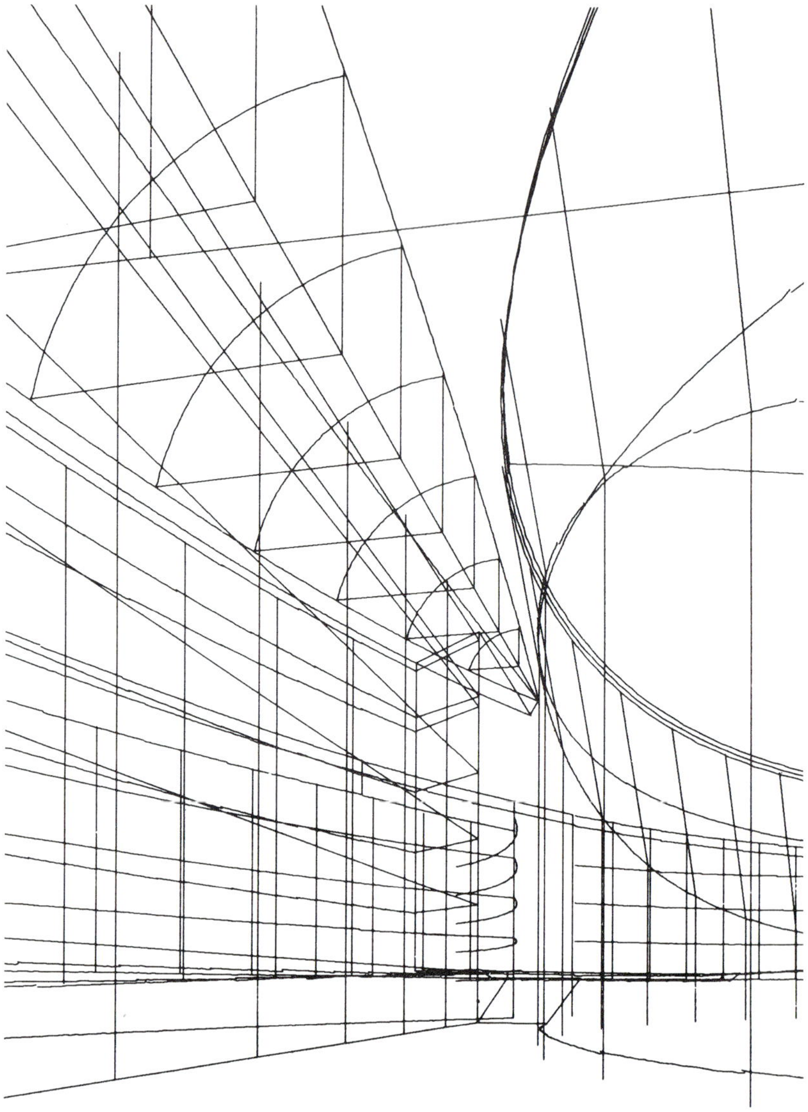

Die Baustelle läßt ahnen, mit welchen lapidaren Architekturformen de Portzamparc hier die Villette-Ouverture spielen wird. Davon wird auch im Innern vieles zu spüren sein: Immer dort, wo zwei konvexe oder ein konvexer und ein geradlinig begrenzter Raum nebeneinander stehen, ergeben sich dynamische neue Räume, die heutiger Musikvorstellung vielleicht mehr entsprechen können als kühle Container-Moderne oder abgewirtschafteter Klassizismus.

La Grande Halle

Ein Jahr bevor Bernard Tschumi den Wettbewerb für den Parc de la Villette gewonnen hatte, wurde der Auftrag für die Revitalisierung der Grande Halle an die beiden Pariser Architekten Bernard Reichen und Philippe Robert vergeben. Er lautete, stark vereinfacht: So wenig sichtbare Veränderungen wie möglich bei Umbau und Umnutzung der Halle zu einer Ausstellungs-, Konferenz- und Veranstaltungshalle.
Die ehemalige Schlachthofhalle ist von dem Architekten Jules de Mérindol (1814–1888) entworfen worden und wurde 1867 fertiggestellt.
Der siebenschiffige Bau ist eine reine Eisenkonstruktion mit runden gußeisernen Stützen, ebensolchen Vouten zur Verringerung der Spannweiten und Fachwerkträgern, die im Mittelschiff unterspannt sind. Tageslicht gelangt durch Firstoberlicht, Lichtgaden, große Dachgauben und die jetzt zur Gänze verglasten Seitenwände ins Innere.
Die Längsaußenwände sitzen hinter den äußersten Seitenschiffen, die jetzt vielfältig als Vorräume und Vorplätze genutzt werden.
Um die neuen Funktionen unterzubringen, hat man Teile des Mittelschiffes für Technik und als Unterbühne unterkellert. Die neuen Halleneinbauten sind beweglich und können leicht entfernt werden. Die Brücke, die Plattform und Seitenbalkone dienen zur Aufnahme der Zuschauersitze, des Beleuchtungssystems und der audiovisuellen Anlage. All dies kann an eine Giebelseite geschoben werden, wenn die gesamte Halle oder nur das Mittelschiff als Ausstellung genutzt wird.
Die Architekten hatten bei ihrer Arbeit als Richtschnur formuliert: das im Altbau verwendete Material in zeitgemäßer Form als alleiniges Material anzuwenden. Deshalb sind alle Einbauten nur aus Stahl (nicht Gußeisen!), Stein oder Holz, und zwar in den vorhandenen Achsmaßen, jedoch um Stützendicke verschoben gegenüber der alten Konstruktion.
Die Grande Halle, schrieben die Architekten, sei nicht wie die anderen Grands Projets mit Symbolwerten behaftet, sondern könnte eher als ein öffentlicher Raum gelten, der im Gefüge der Stadt ähnlich seine Rolle spielt wie eine öffentliche Arkade, eine gedeckte Markthalle oder eine Fußgängerstraße.
Wenn man die Halle betritt, ist man überrascht von ihrem Ausmaß, ihrer lichten Weite, was von außen nicht sofort ablesbar ist. (Dann weiß man auch wieder, welcher Kulturverlust der Abbruch der Hallen im Stadtinnern war.)
Anders als im Musée d'Orsay ist auch bei eingezogenen Stellwänden für eine Kunstausstellung der alte Bau in seiner grandiosen Weite erlebbar, ja, die weißen Wände machen, da sie das riesige Dach in seiner einmaligen Abstaffelung optisch nicht aus dem Zusammenhang der Halle herauslösen, dem Besucher ständig klar, wo er sich befindet.
Und es steht in Einklang mit der Vieldeutigkeit des Gesamtkonzepts von La Villette, daß auch in diesem Bau mehrere Stimmen nebeneinander hörbar sind und jedes Bau-Statement durch ein anderes, gleichwertiges ergänzt, vielleicht auch relativiert wird. Auch in dieser Hinsicht ist La Grande Halle ganz anders als das Musée d'Orsay.

Früher war die Halle gerade recht für Rindermärkte, heute halten wir sie und ihre Raumqualitäten für adäquat, Kultur aufzunehmen. Gewandeltes Qualitätsbewußtsein? Unausrottbare Nostalgie? Oder Rückkehr zu den Quellen unserer Moderne?

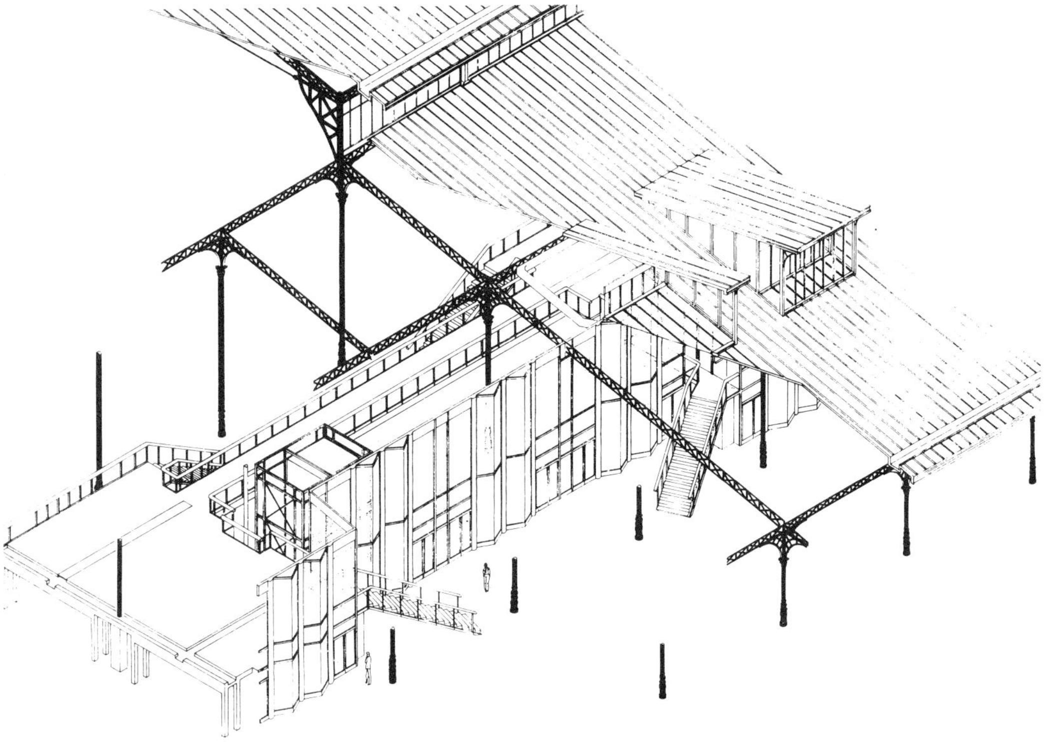

Mies van der Rohes »Weniger ist mehr« war schon selbstverständlich, bevor er geboren wurde. Die Ingenieurbauten mit ihren aus Produktion und primitiver Festigkeitslehre resultierenden Ornamenten haben wenige kongeniale Nachfolger gefunden. Um so höher muß man die zurückhaltenden Um- und Einbauten in dieser Halle anerkennen, was die Schnitt-Axonometrie schon erahnen läßt. Vielleicht darf man auch daran erinnern, daß viele jener Gußeisenkonstruktionen nach Katalog bestellt werden konnten und »Serie« statt »Unikat« signalisierten. Wer dann an heutige Standard-Hallen denkt, weiß, wieviel kulturelles Terrain das Bauen in den letzten hundert Jahren auf manchem Gebiet verloren hat.

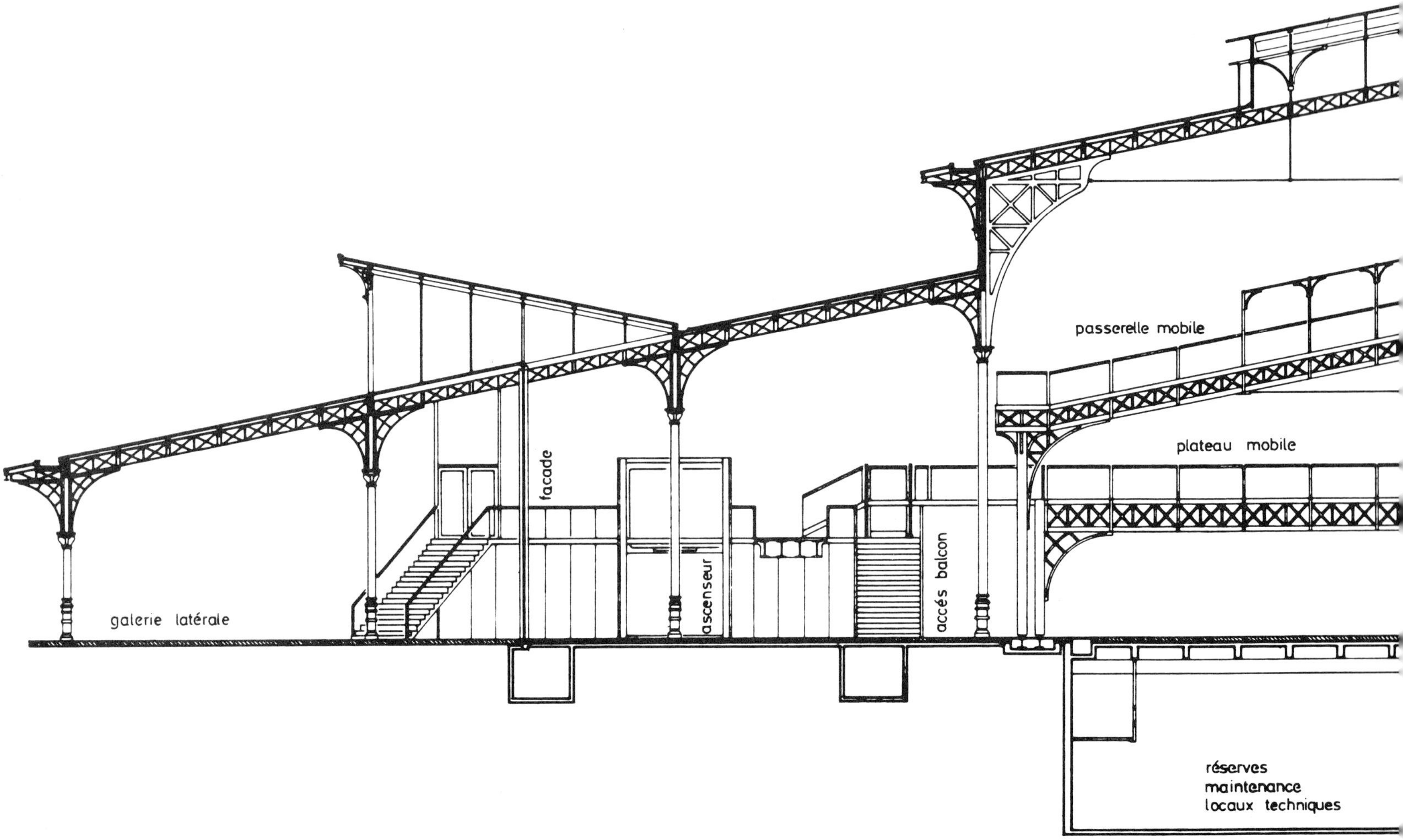

Das war ein wichtiges Qualitätsmerkmal dieser alten Konstruktionen: Aus der Ferne wirkten sie dank ihrer Proportionen, in der Nähe entdeckte man dann eine Fülle von konstruktiven Details, die dem Bau trotz seiner großen Maße weder Langeweile noch falsche Monumentalität bescherten. Auch diese zweifachen Maßstäblichkeiten hat heutige Produktionsökonomie vertrieben.

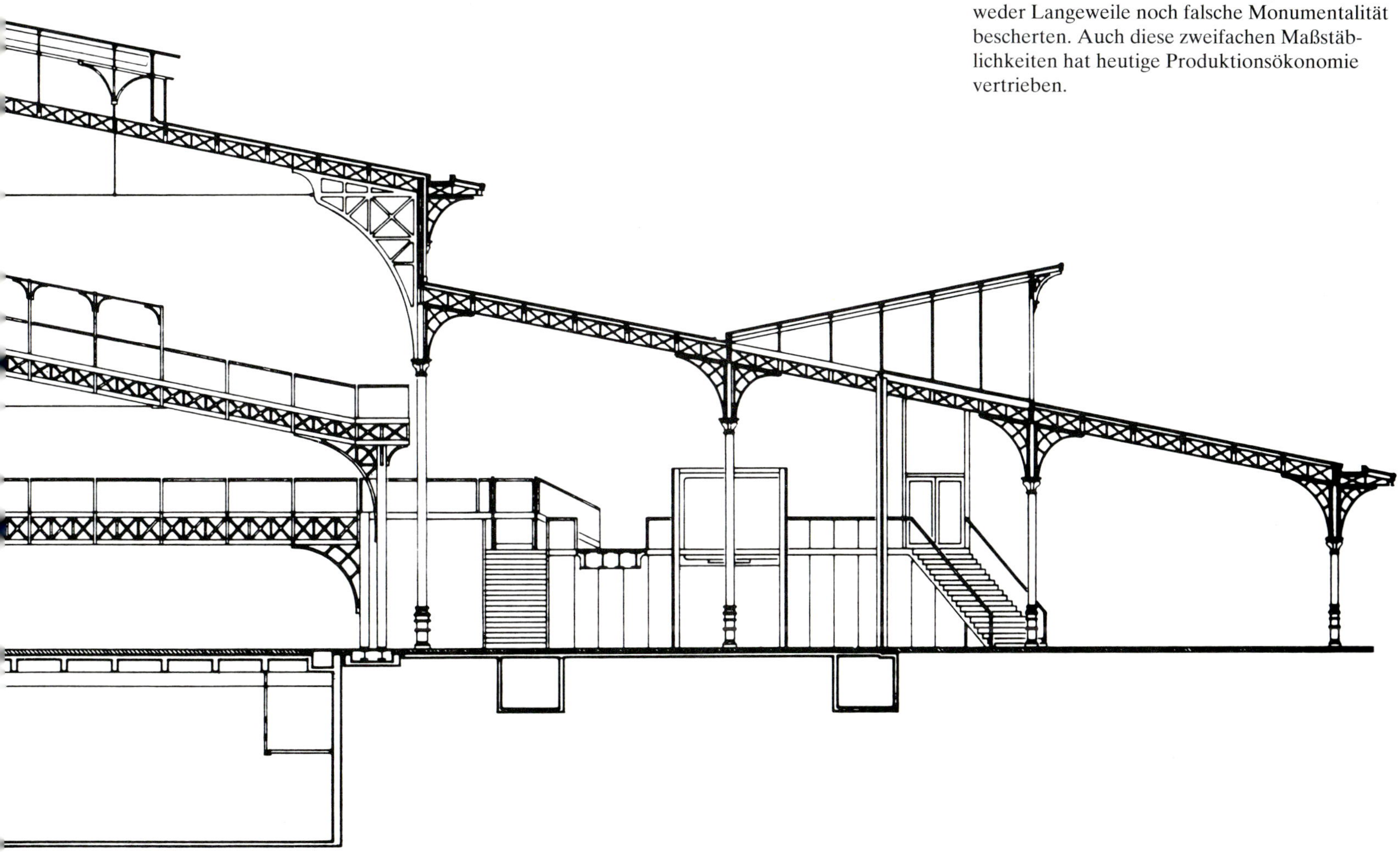

La Cité des Sciences et de l'Industrie

Den 1980 – noch unter dem Präsidenten Giscard d'Estaing - ausgelobten nationalen Wettbewerb zur Umgestaltung des alten Schlachthofquartiers gewann Adrien Fainsilber. Die neue Regierung unter Präsident Mitterrand bestätigte zwar die Umbauabsichten, doch ging sie in bezug auf die Architektursprache für das ganze Gelände andere Wege als ihre Vorgängerin. Nicht mehr die Idee des einen, alles umfassenden Entwurfs für La Villette war bindend, sondern ihr Gegenteil. Weil schon solch heterogene Elemente vorhanden waren wie die alte Auktionshalle und die Rinderhalle, sollte die Gesamtplanung dieses Nebeneinander, also unterschiedliche Handschriften und Auffassungen zeigen und nicht überspielen.

Die Museums-Konzeption

Schon Ende der siebziger Jahre wurde der Wissenschaftler Maurice Lévy mit einer Studie beauftragt, wie das vorgesehene Museum beschaffen sein müsse und welche Funktionen es zu erfüllen habe.

Zuerst wurde die Bezeichnung »Museum« gegen »Cité« getauscht, um das Zukunftsorientierte dieser Institution zu verdeutlichen.

Seine Gliederung hält sich teilweise an die des »Deutschen Museums von Meisterwerken der Naturwissenschaften und Technik« in München, übertrifft dies aber an Fläche um ein Vielfaches.

Im einzelnen schlug Lévy vor:

»Explora«, eine Dauerausstellung auf 30.000 qm Fläche. Hier sollen die elementaren und augenfälligsten menschlichen Tätigkeiten erläutert werden wie beispielsweise »Sprache und Kommunikation«, »Materie und menschliche Arbeit«.

Bühnenarchitekten, Designer und Graphiker sollen Szenarien schaffen, in denen Lernen für alle Spaß macht. Knöpfe, Schalter, Hebel, Keyboards – kurz, alle Instrumente, die etwas an Wirkung hervorrufen, sind für die Benutzer programmiert.

Wechselausstellungen, als thematische Ergänzung der »Explora«, von Dritten eingerichtet, mit aktuellen Themen.

»Inventorium«, eine Einführung in Wissenschaft und Technik für kleinere Kinder.

Mediathek, eine für Forscher und die allgemeine Öffentlichkeit zweigeteilte Institution, die Bücher, Zeitschriften, Filme und Computer-gestützte Lernprogramme für Computerfachleute zusammengestellt hat.

»Tagesereignisse in der Wissenschaft«, ein Ausstellungsraum, in dem solche Ereignisse bekanntgemacht und erläutert werden.

Internationales Konferenzzentrum mit Räumen für 50 bis 1.000 Teilnehmer und allen technischen Einrichtungen.

Die »La Villette-Klassen« geben täglich 40 Klassen von Grund- und Oberschulen Gelegenheit für technische und naturwissenschaftliche Experimente, durchgeführt von den Kindern.

»Louis-Lumière-Kino«, ein Unterrichts- und Forschungszentrum für die Geschichte der Technik und Naturwissenschaften.

Die Architektur

Fainsilber verwendete von dem ganzen Hallenkomplex nördlich des Kanals nur jenen Bau, der durch die 4 x 5 Stahlbetonstützen-Reihen definiert wird. Er mißt 270 x 110 m in der Fläche und ist 47 m hoch. Die Stützen sind Beton-Hohlquerschnitte von 14,30 x 3,60 m und einer Höhe von 32,59 m.

Er schlug vor, die Gruben der abgerissenen Kellergeschosse der Nachbarbauten nicht zu verfüllen, sondern die 13 m tiefe Senke beizubehalten, um den zwei Untergeschossen Tageslicht zu geben und den Neubau mit einer flachen Wasserfläche – gespeist aus dem Kanal – zu umgeben.

Das würde dem Bau eine monumentale Höhe bescheren, gleichzeitig aber auch seine frühere Erscheinung so stark verändern, daß wenig Erinnerung an die Schlachthofzeit übrigblieb. Jetzt hat der Bau mit seiner Höhe von 40 m aber die in Frankreich wichtige Hochhausgrenze von 28 m überschritten, wodurch bestimmte bauliche Vorkehrungen für die Sicherheit im Brandfall notwendig werden. Brandabschnitte beispielsweise hätten die

La Villette mit der gewaltigen Cité des Sciences et de l'Industrie im Hintergrund. Im Vordergrund der Westbau der Cité de la Musique. Luftaufnahme von Süden.

durchgängige Nutzung des Gebäudes praktisch unmöglich gemacht. Um diese Einschränkungen zu umgehen, teilte Fainsilber deshalb den Bau horizontal in zwei Teile, indem er auf der Höhe des 1. Obergeschosses in Längsrichtung zwei getrennte Feuerwehrdurchfahrten einbaute, wodurch sich die Höhe des Baues halbierte und die Hochhausgrenze irrelevant wurde, weil jetzt Feuerwehr und andere Rettungsfahrzeuge auf halber Höhe und innerhalb des Gebäudes eingesetzt werden können. Von den vier Einsatzstationen aus sind alle Geschosse über feuersichere Rampen innerhalb der Hohlstützen leicht zu erreichen.
Diese Hochhausgrenze – in Deutschland sind das 20 m – hängt mit den früheren Feuerleitern zusammen, die von außen eben als Höchstpunkt nur 20 m erreichen konnten.
Beim Fainsilber-Bau kommt noch hinzu, daß die umgebende Wasserfläche der Feuerwehr erst gar keine Chance bot, an das Gebäude heranzukommen. Jetzt fährt sie ungefährdet bis ins Gebäudeinnere. Diese Durchfahrten sind gleichzeitig auch feuersichere Fluchtwege.
Obwohl der Altbau äußerlich ohne entscheidende Eingriffe in seine Tragstruktur übernommen wurde, gab es eine Reihe höchst komplizierter Umbaumaßnahmen. Alle Zwischendecken haben ein leichtes Gefälle zur besseren Reinigung und sind nur für eine Belastung von 250 kg/qm berechnet. Durch Vorspannung der Tragelemente und Anschweißen von Verstärkungsblechen wurden die Tragfähigkeit erhöht und ebene Flächen hergestellt. Auf der südlichen Längsseite sind stählerne runde Doppelstützen angefügt worden, die die neuen 29 m weit gespannten Träger über den Öffnungen tragen. Auf den Niveaus 4 und 5 wurden neue Decken eingezogen, und Querträger, die auf den unteren Flanschen der Hauptträger befestigt waren, wurden auf deren obere Flansche gehievt, wodurch man 5 Meter für die Zwischengeschosse gewann.
Solche und einige weitere Umbaumaßnahmen bei der Tragstruktur machten es möglich, die vorgesehenen Nutzungen unterzubringen, ohne den Vorteil des riesigen Rohbaues zu verspielen. Denn das Budget hätte nie ausgereicht, ein Museum mit 150.000 qm zu errichten, wie es dieser Rohbau anbot, sondern höchstens für ein Drittel davon. Die Masse dieses Rohbaues ist andererseits nicht überwältigend für den Park, weil die Hälfte von ihr unter Terrain liegt, also für den Parkbenutzer meist unsichtbar bleibt.
Von weitem erkennt man auf dem Dach des Gebäudes zwei abgeschnittene Zylinder. Sie sind das durchscheinende Teflondach mit den runden Oberlichtern über der fünfgeschossigen Eingangshalle, deren Position sie schon von weitem signalisieren.
Die Maße des Centers erscheinen dem Besucher zwar groß, jedoch keineswegs erdrückend. Das hat der Architekt durch eine sehr sorgfältige Strukturierung der Fassaden erreicht. Während die Nordseite mit dem Haupteingang streng gegliedert ist und sich nur beim Eingang, den man über eine Brücke erreicht, einladend offen gibt, entfaltet Fainsilber auf der Südseite sein ganzes Form-Repertoire: Es gibt vor der Gebäudefassade, mit den großen Trägern am Dach durchaus erlebbar, in drei Feldern vorgesetzte, gebäudehohe Wintergärten, die nicht nur den Besuchern einen Ausblick in den Park gestatten, sondern auch als Wärmepuffer und -gewinner funktionieren. Bei Dunkelheit kann man durch sie das Innere erkennen, das sich nicht nach draußen abschottet. Der Südeingang liegt in der Ebene der Hauptfassade, doch wird diese durch Vor- und Rücksprünge, Materialwechsel plastisch aufgelockert und somit – und nicht nur durch die Zugangsbrücken – betont. In der Achse des Eingangs liegt die Kugel der Géode. Ihr Inneres birgt eine sphärische gekrümmte Projektionsfläche, eine Halbkugel mit 26 m Durchmesser, die von einer Stahlbetonkonstruktion getragen wird. Ihre Hülle wird von einem räumlichen Stahlrohrfachwerk gebildet, auf das 6.433 sphärisch gekrümmte polierte Edelstahlplatten mit Dreieckform aufgebracht wurden. In ihnen spiegelt sich die Umgebung in bizarren Verzerrungen, Überschneidungen, Größenverschiebungen, was auch wieder dem Generalthema von La Villette entspricht. Im Innern trägt eine unabhängige Stahlbetonkonstruktion auf einer Mittelstütze die Zuschauertribüne für das Planetarium. Seine Leinwand folgt der Kugelkrümmung. Innerhalb der Kugel ist die Géode direkt mit dem unteren Niveau des Hauptbaues verbunden.
Ähnlich wie die Erdkugel, nur in viel größerem Maße und gesteigert durch die vielen Ebenen, will auch die Eingangshalle die Besucher verblüffen. Hier öffnet sich der Bau 40 m hoch, über das Dach hinaus, alle Ebenen sind nicht nur sichtbar, sondern durch Rolltreppen einladend miteinander verbunden. Es ist ein atemberaubender Raum, der bewußt auf

allen Geschoßebenen so in die anschließenden Ausstellungsräume hineingreift, daß man zum einen fast nie seine wirklichen Begrenzungen sieht, zum anderen gerade dadurch neugierig wird auf das, was dahinter zu liegen scheint.
Dieser Raum hat nichts von der Feierlichkeit einer Museumsvorhalle, ist viel stärker Action Centre, Jahrmarkt – voller Leben, Bewegung, Stimmengewirr. Das klingt ab, wenn man weiter weg zu den Exponaten kommt, die didaktisch klug aufbereitet dargeboten werden.
Und hier fällt dem Besucher auf, daß die Grundlage für das Ausstellen nicht die ad-hoc-Inszenierung ist, sondern ein formales Grundgerüst aus immer wiederkehrenden Elementen, die wunderbar in die ebenso starke und elementare Großform von Fainsilbers Architektur passen. Dafür hat ein Designerteam unter dem Direktor Jacques Lichnérowicz eine »Ligne Design«, also verbindliche Entwurfsgrundsätze erarbeitet, die von Zwischenwänden über Objektträger bis zur Beschriftung reichen und so etwas wie »le style Cité« bewerkstelligen wollen – und es auch tun. Nur so war es möglich, daß mehrere Designerteams an den verschiedenen Abteilungen arbeiteten, ohne daß dabei der optische Zusammenhang verloren ging, der ja für den Besucher ein wichtiges Hilfsmittel dafür bildet, die Ausstellung leichter zu verstehen.
Die Besucherzahlen zeigen übrigens, daß Lernen, Sich-Informieren anscheinend vielen Menschen aller Altersgruppen Freude macht. Was auch ein neues Licht auf das Thema Freizeit-Konsum werfen könnte.

Gebäudehohe Gewächshäuser, zum Teil noch nicht grün, auf der Südseite geben dem schweren Bau eine neue Schicht wie ein duftiger Schleier. Und wenn man als Besucher Pause von der Technik macht, verzaubert beim Blick nach draußen dieser Schleier die oft banale Umgebung.

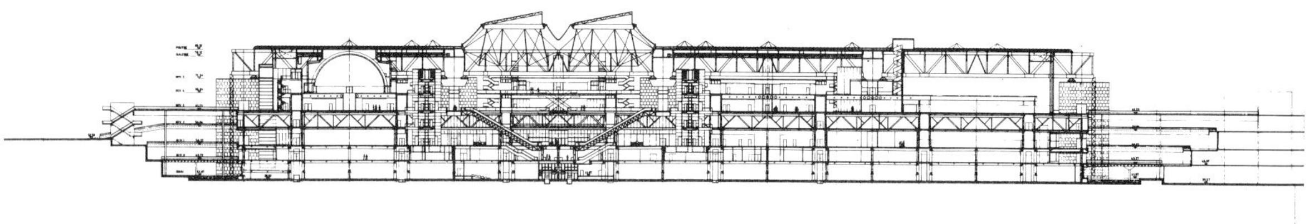

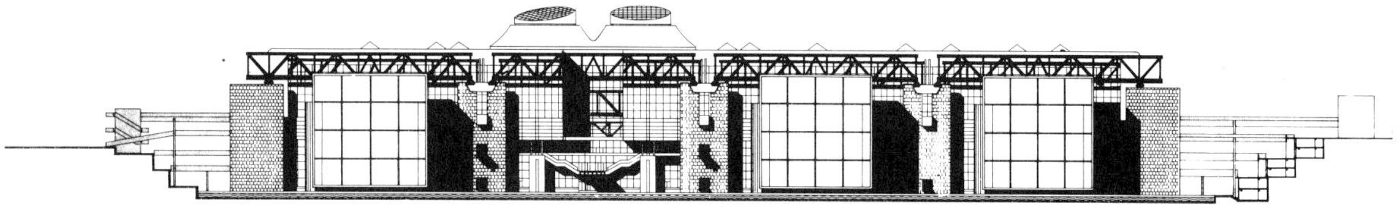

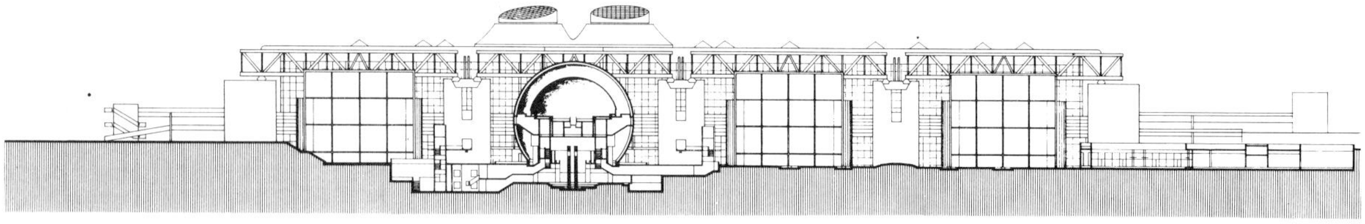

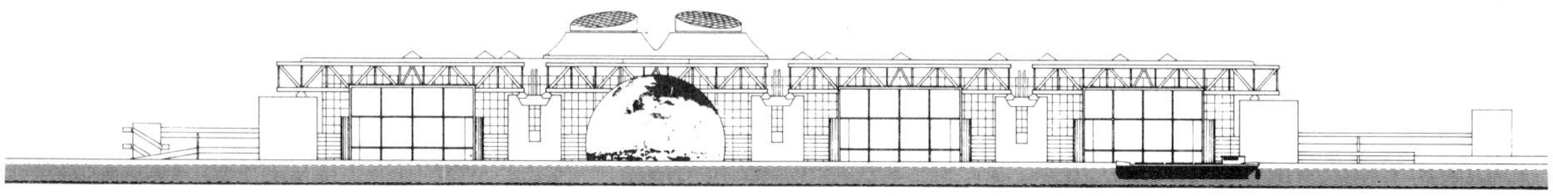

Längsschnitt.
Südfassade.
Schnitt durch die Géode.
Schnitt durch Canal de l'Ourcq
und gesamte Südseite.
Grundriß der Eingangsebene.

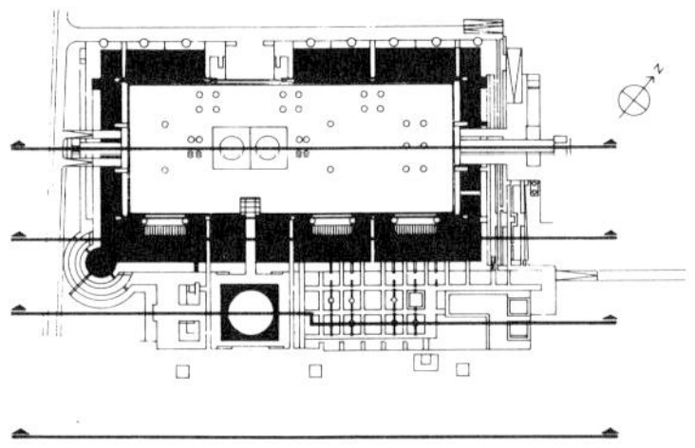

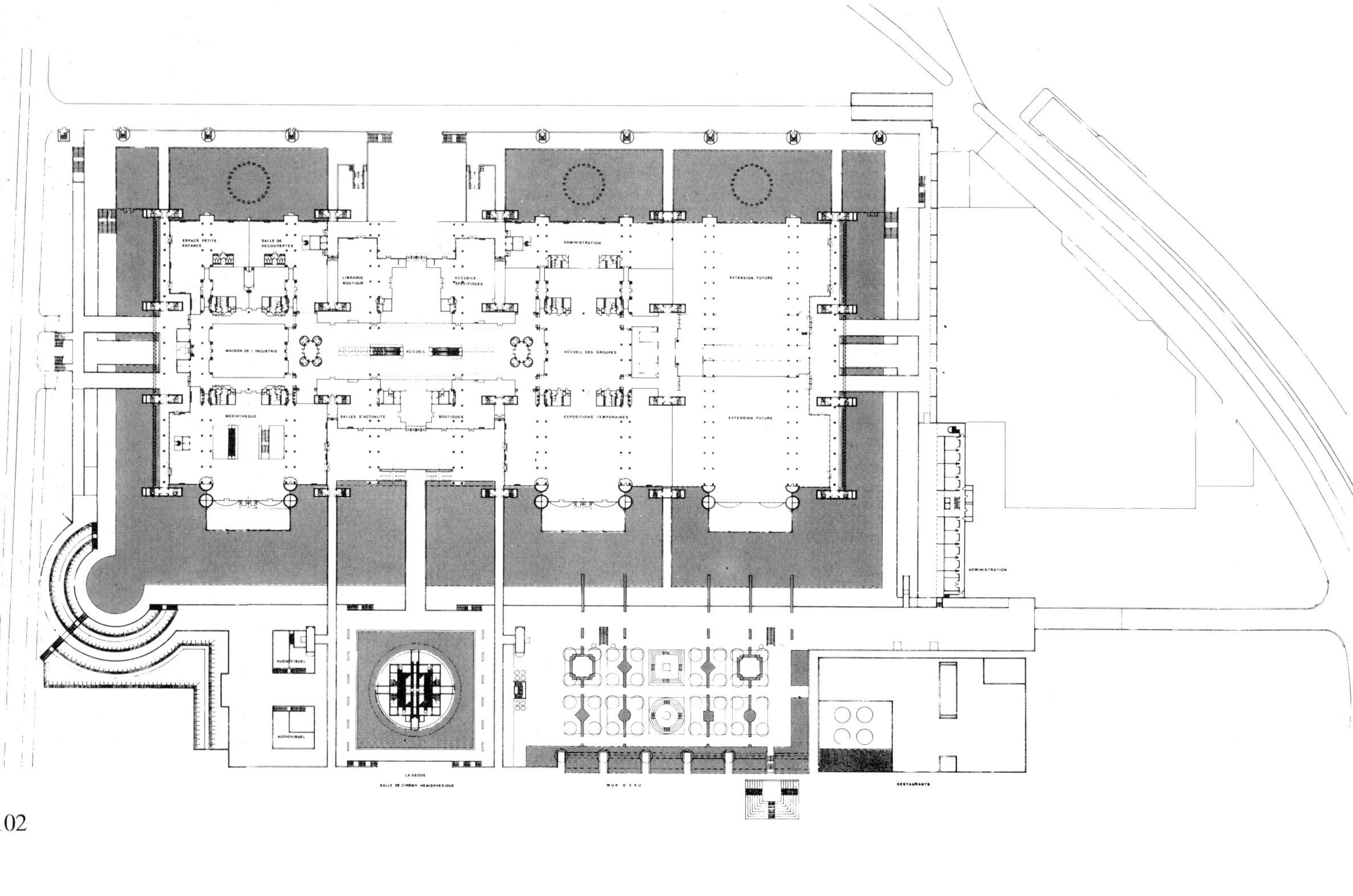

Zwischen Cité und Géode ist der breite Wassergraben die Trennung, aber da die Wasseroberfläche so weit unter Terrain liegt, ergeben die Böschungen willkommene Sitzterrassen, auf denen man Musikanten zuhören und Gaukler bestaunen kann. (Wer denkt nicht an ähnliche Qualitäten beim Centre Pompidou?) Auch aus dieser Perspektive erscheint der Bau durch seine vielfältige Fassadengliederung nie bedrängend, sondern manchmal sogar heiter.

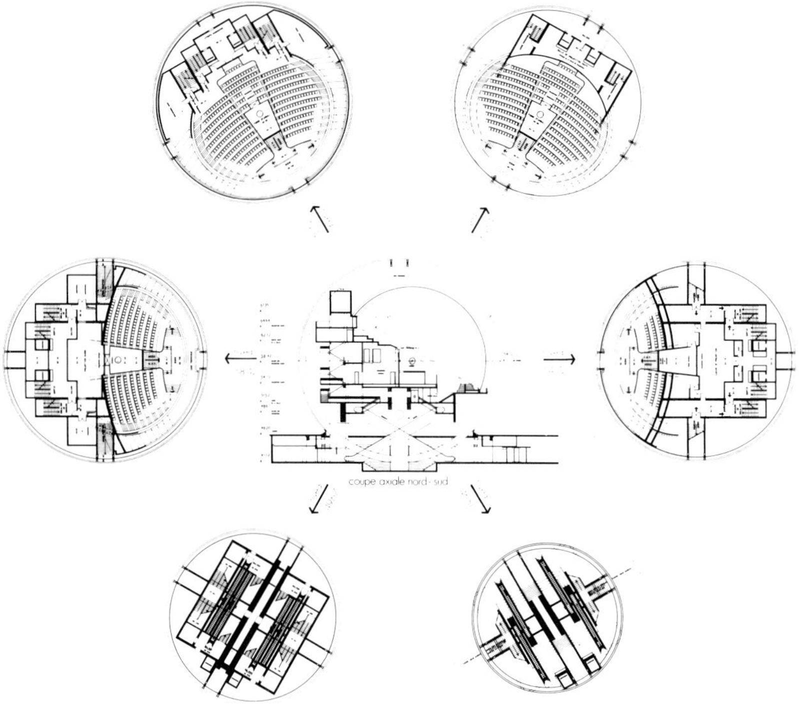
coupe axiale nord - sud

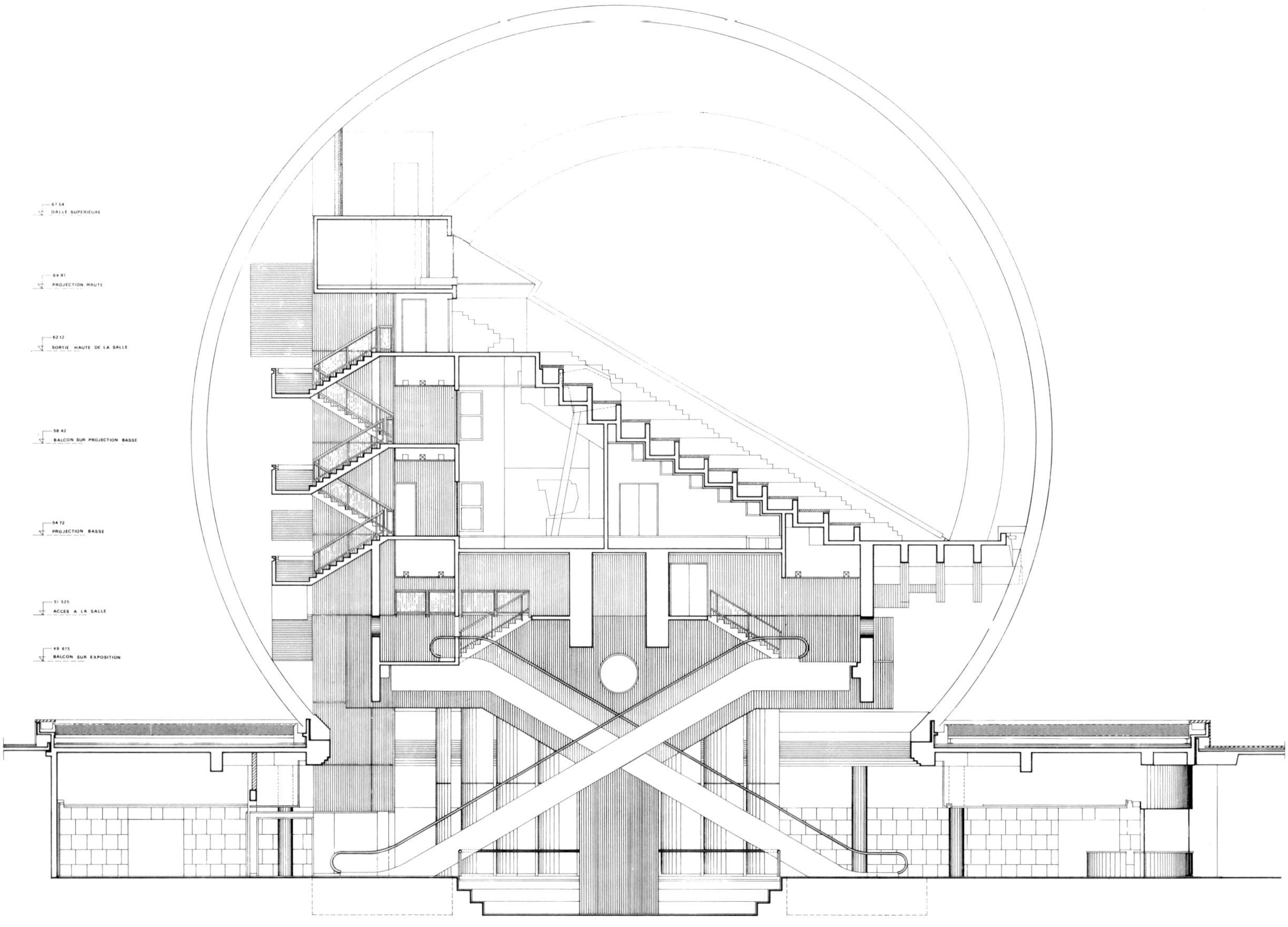
67 54
DALLE SUPERIEURE
64 81
PROJECTION HAUTE
62 12
SORTIE HAUTE DE LA SALLE
58 42
BALCON SUR PROJECTION BASSE
54 72
PROJECTION BASSE
51 525
ACCES A LA SALLE
49 675
BALCON SUR EXPOSITION

Die Kugel als Bau-Symbol. Die Revolutionsarchitekten von Boullée bis Ledoux haben sie durch ihre Visionen vorweggenommen – Adrien Fainsilber hat sie in ihrem Geist realisiert.
Der Nord-Süd-Schnitt durch die Mittelachse zeigt Hülle, Kugelprojektionswand, Zuschauertribüne und den gewaltigen Sockel. Dazu waagerechte Schnitte durch sechs Kugelebenen.

Der Teil-Längsschnitt im Bereich der Eingangshalle verrät etwas von Fainsilbers Vorstellung von »Gäste empfangen«, »Auf eine Ausstellung vorbereiten«: Es ist die unbezähmbare Lust an einem Riesenraum (dank der vorhandenen Bausubstanz), der mit vielen, jedoch koordinierten architektonischen Mitteln erlebbar, geheimnisvoll, beeindruckend gemacht werden soll. Die Fotos können, wie bei so vielen grandiosen Räumen, nur optische Hinweise darauf geben. Was sie wohl verraten, ist die Qualität im einzelnen.

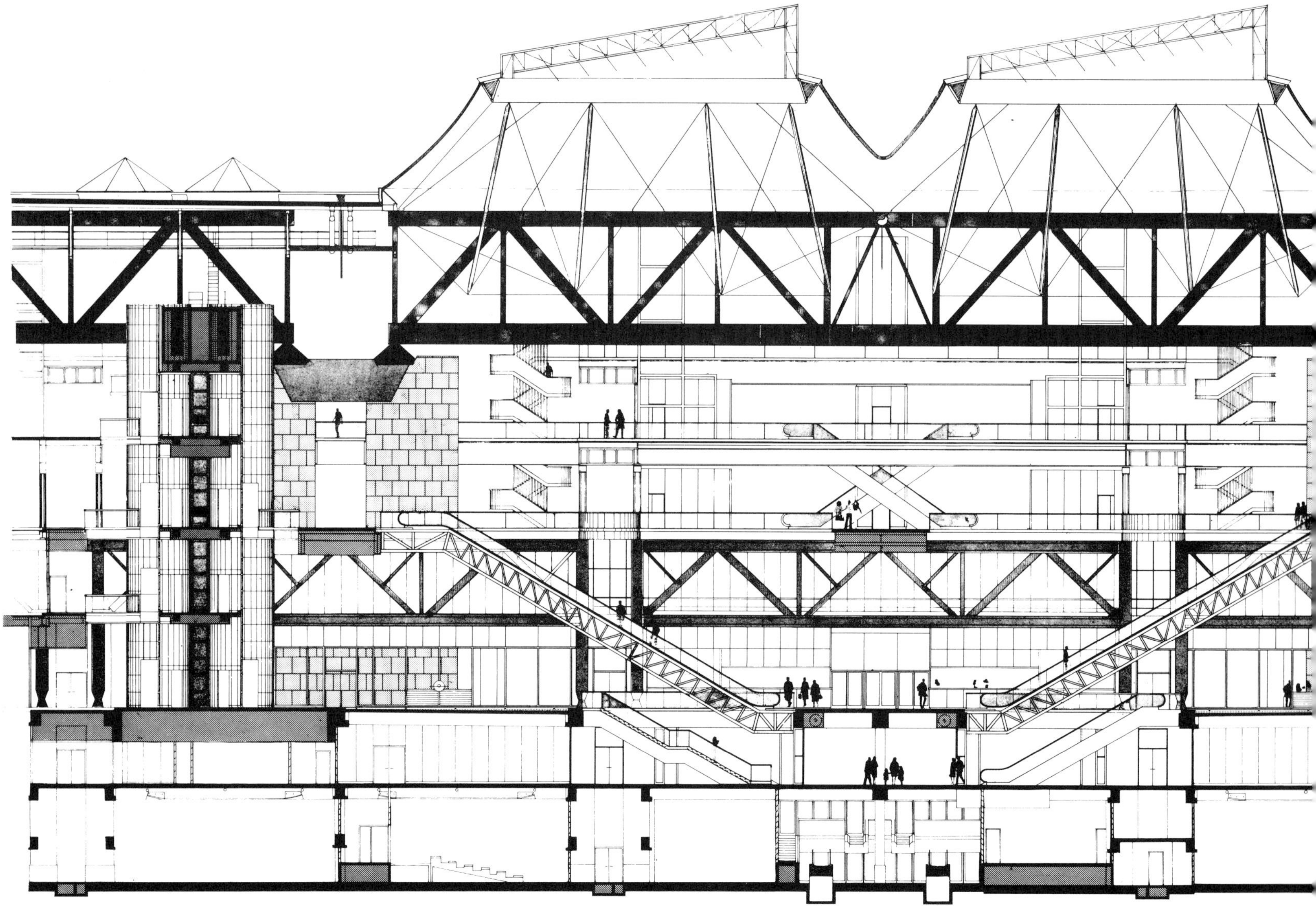

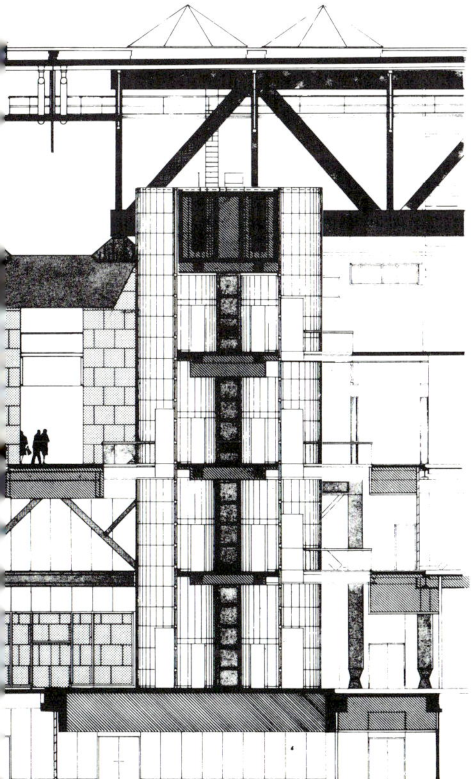

Geschlossene, transparente Wände, metallen-modern und vegetativ-dekorativ, Beton (in Maßen), Stahlfachwerk und polierte Stahlzylinder – es ist das Vokabular heutiger moderner Architektur, aber, wie Fainsilber sagte, ohne alle Spuren vergänglicher Architekturstile.

Le Zénith

Im Jahr 1983 benötigte man in Paris in kürzester Zeit eine Halle für Rockkonzerte mit einer Zuhörerkapazität von etwa 6.500.
Sie gehört nicht zu den eigentlichen Grands Projets, doch als Teil des La Villette-Parks ist sie von Wichtigkeit.
Die Architekten Philippe Chaix und Jean-Paul Morel, beide Jahrgang 1949, entwarfen die Halle als leichte Stahlkonstruktion mit einem PVC/Polyester-Dach über einem 80 x 80 m großen Grundriß. Fachwerkträger mit dreieckförmigem Querschnitt tragen ein Raumfachwerk, in welchem Beleuchtungen sowie akustische Hilfsmittel untergebracht sind.
Der Eingang – wie der Decorated Shed von Venturi – ist gebaute Architektur und wohl auch aus Stabilitätsgründen wegen Fan-Andrangs so. Die Betonstele war ein Überbleibsel von früher, aber gern übernommen. Sie diente als Futterturm für die Schlachthof-Ställe. In der Zwischenzeit ist die Stele leider abgebrochen worden. Eigentlich sollte der Bau nur ein Provisorium für das Bagnolet-Rocktheater sein. Aber dafür hat man die Planungen wieder eingestellt, und dieses wird wohl wie die meisten Provisorien einen langen Bestand haben. Statt das Bagnolet-Theater zu realisieren, das selbstverständlich ein fester Bau werden sollte, wich man nach La Villette aus.
Konstruktiv ist bei diesem Bau noch von Interesse, daß man das Dach einschließlich der unteren Dachfolie am Boden fertig montierte und dann als Ganzes in seine endgültige Position in 16 m Höhe hochzog. Danach brachte man die äußere Wetterschutzhaut auf. Bauherr des Zénith war das Kultusministerium.

Die Eingangsseite – Textilarchitektur mit vorgestellter Gitterfront. Schnitt parallel zur Bühne und Schnitt Bühnen-Eingang. Der gesamte Raum bleibt stützenfrei, die Haut ist außer der Reichweite begeisterter Fans.

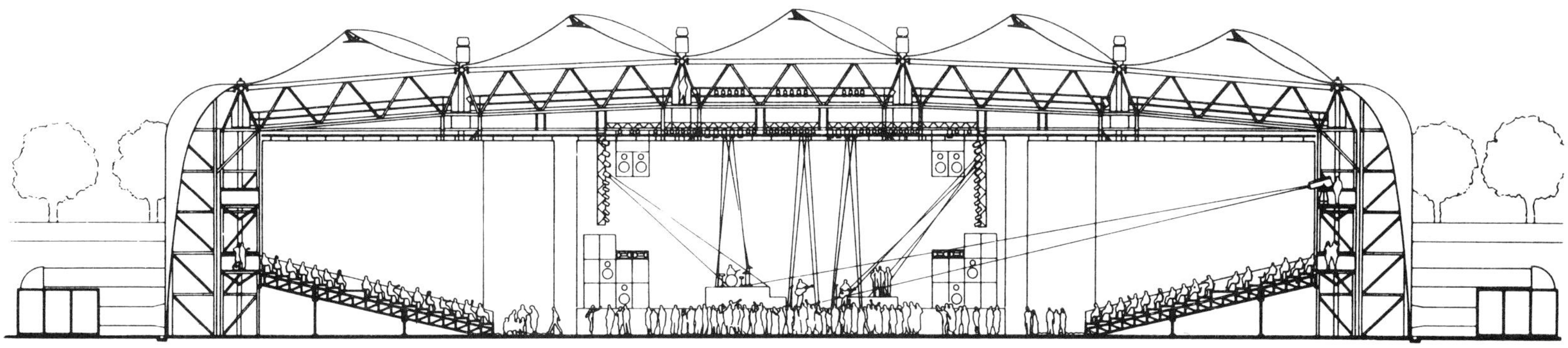

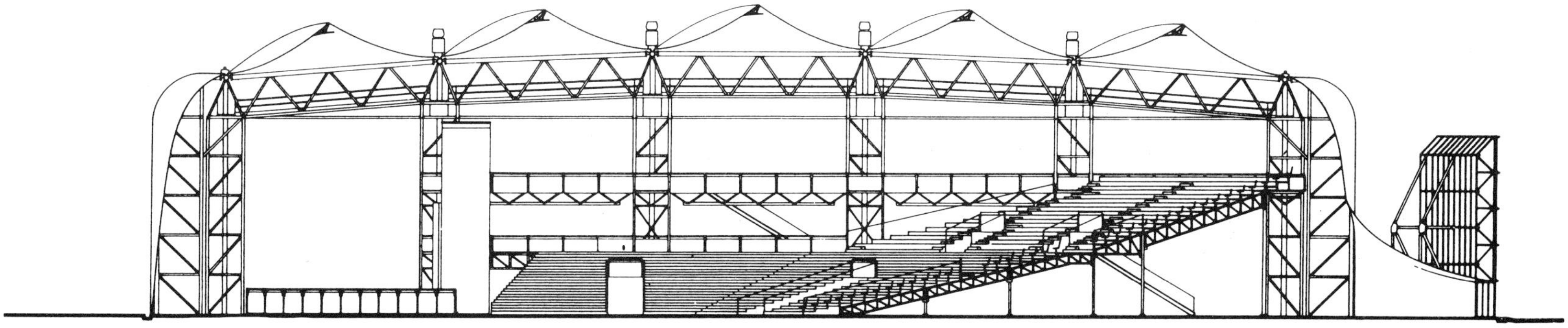

L’Opéra de la Bastille

Neben der Oper von Charles Garnier, die 1875 eröffnet wurde und Symbol des »kulturellen Hegemoniebestrebens großbürgerlicher Kräfte« (Dieter Kimpel) war, wollte Präsident Mitterrand ebenso programmatisch ein »populäres und modernes Opernhaus«. Also gegenüber dem »style Napoléon III« das ehrliche 20. Jahrhundert.
Der Bauplatz, die Place de la Bastille, liegt im Osten der Innenstadt und entspricht damit der stadtplanerischen Idee, neue Aktivitätszentren verstärkt in den Ostteil der Stadt zu plazieren. Doch war »Bastille« natürlich auch politisches Programm, denn wo sonst als hier wäre der sinnvolle Platz für die Volksoper?
Dem historisch-politischen Gewicht des Namens entspricht die Place de la Bastille heute jedoch in keiner Weise. Zwar steht im Mittelpunkt des Platzes die Colonne de Juillet, eine Mischung aus Siegessäule und Katakombe, aber der Platz wird von so vielen Straßen berührt, daß er nicht als Platzraum erfaßbar ist – schon weil man sich nur an seinen Rändern aufhalten kann – und man erst gar nicht versucht hat, ihm eine entsprechende Randbebauung – etwa wie beim Étoile – zu geben, und auch die große Wasserfläche der Gare d'Arsenal spielt städtebaulich keine Rolle. Hier am Rand des Marais – die Place des Vosges ist keine zweihundert Meter weit – ist dessen kleinteilige Bebauung jenseits der neuen Boulevards hinaus bestimmend für das Quartier und damit auch für die Situierung der Oper zwischen Rue de Charenton und Rue de Lyon. Der Platz selbst ruft nach einer baulichen Neufassung, wozu die Oper leider überhaupt keinen Beitrag geleistet hat.

Das Konzept für das Opernhaus

In vielem liest es sich wie das Kontrastprogramm zu Garniers Oper. Und nicht erst 1982, als der Ministerrat die Entscheidung für die neue Oper fällte, sondern schon 1968 verlangten Pierre Boulez, der Komponist, und Jean Vilar, der Regisseur, ein neues Haus mit »lebendigen, heutigen Dimensionen«. Die erste Forderung an die neue Oper lautete: Neben der Hauptbühne möglichst Nebenbühnen gleicher Dimension, damit das verfügbare Repertoire vergrößert werden kann. In der Bastille-Oper gibt es jetzt 10 Nebenbühnen mit exakt den gleichen Abmessungen wie die Hauptbühne, nämlich etwa 20 x 20 m, wobei eine von ihnen mit einem Orchestergraben versehen ist, um identische Voraussetzungen wie bei der Hauptbühne zu haben. Des weiteren: mehr Plätze als in der alten Oper (2.150), nämlich 2.700 und beste akustische Voraussetzungen bei optimaler Sicht von allen Plätzen.
Die zweite Forderung hieß: Der Bau soll nicht nur eine Vielzahl konventioneller Opern ermöglichen, sondern auch für zeitgenössische und mögliche zukünftige Darbietungen von Musikstücken geeignet sein. Letzteres sollte eine »Salle modulable« mit 600–1.000 Plätzen und völlig anderen akustischen Vorraussetzungen als das große Haus bewerkstelligen. Und schließlich erwartete man ein Haus, das den ganzen Tag geöffnet sei, viele Aktivitäten anbiete, die nur mittelbar mit der Oper zu tun haben könnten, und zusätzlich eine Studiobühne mit 280 Sitzen sowie ein Amphitheater (600 Sitze) besitzen sollte, außerdem für das Publikum (auch von der Straße) ein Restaurant und Läden.
Konzept und Programm waren damals ohne Vorbild, es gab keine Vergleichsmöglichkeiten, so daß Bauherr und Architekt auf eine sehr enge Zusammenarbeit angewiesen waren, um dieses komplexe Riesenprogramm (150.000 qm Nutzfläche) in einem Bau zu realisieren, dem ein dafür entschieden zu kleines Grundstück zur Verfügung stand (22.800 qm).

Der Wettbewerb

1983 wurde ein Wettbewerb ausgeschrieben, der für die Architekten der ganzen Welt offen war, wenn sie »Bauten von einiger Bedeutung« nachweisen konnten, so die damalige Ausschreibung. 1.647 Architekten forderten die Wettbewerbsunterlagen an, aber nur 744 von ihnen gaben ihre Entwürfe ab. Außer einer Fachjury hat bei jedem Grand Projet der Präsident der Republik auch eine Stimme, und es ist diejenige, die letztendlich entscheidet. So auch bei diesem Wettbewerb. Der Präsident suchte persönlich drei Entwürfe aus, die er von ihren Verfassern überarbeitet sehen wollte.
Danach entschied er, daß Carlos Ott den Zuschlag für die Realisierung erhielt. Ott ist Kanadier, in Uruguay 1946 geboren und dort zum Architekten ausgebildet. Die Jury lobte bei Otts Entwurf, daß er alle entscheidenden Vorgaben der Wettbewerbsausschreibung klar erfaßt und sie auf dem vorgegebenen Grundstück vorbildlich untergebracht habe.

Luftaufnahme von Westen. Die Maßstabsprünge in der Bebauung sind nicht zu übersehen.

Die Realisierung

Zum Theaterthema sagte Ott: »Paris hat genug italienische Opernhäuser wie den Bau von Garnier, was es braucht, ist ein Amphitheater wie das Festspielhaus von Bayreuth.« Sein Theaterentwurf ähnelte aber mehr dem der Deutschen Oper in Berlin von 1961 mit seinem fächerartig sich erweiternden Zuschauerraum. Architekt war Fritz Bornemann. Das war November 1983, im März präsentierte er einen neuen Zuschauerraum, 1986 einen dritten, und schließlich den realisierten. Dieser hat nunmehr parallele Seitenwände, statt drei nur noch zwei Ränge, statt dem kantig gefalteten Deckenelement eine Art Lichtwoge aus hinterleuchtetem Glas. An dieser Metamorphose waren hauptsächlich die Akustik-Fachleute (unter ihnen Müller-BBM) beteiligt, die beim vorletzten Entwurf die Reduzierung der Breite von 38 auf 32 Meter vorschlugen.

Das Ergebnis ist ein akustisch guter, wenn auch nicht intimer Raum, jedoch mit festlichem Ambiente.

In seinen Materialien ist er einfach gehalten – wieder als Kontrast zu Garnier – mit Granitplatten an den Wänden, hellem Holz (Birne) für das Proszenium, dunklerem für das mit schwarzem Samt bezogene Gestühl. Kein Rot, kein Gold.

Mit diesem Konzept hat Ott die Idee, wie sie der Wettbewerb formuliert hatte, zumindest für das Herzstück des Baues getroffen. Er hat bei Künstlern und Zuschauern Beifall gefunden. Der Saal ist kühl, aber nicht unfestlich, die Akustik luftig, ohne zu große Nachhallzeiten: bei vollem Zuschauerraum zwischen 1,7 und 1,5 Sekunden bei 125 bis 500 Hertz.

Das Anti-Garnier-Konzept zeigt sich auch bei den Foyers, die wie alles bei Garnier hermetisch gegen die Außenwelt abgeschirmt waren. In der Bastille-Oper liegen sie halbkreisförmig um den Zuschauerraum unmittelbar an der Außenwand und sind außer in der Zone der Treppen geschoßhoch verglast. Die damit erreichte Transparenz wird in ihrer Wirkung noch gesteigert durch die gleichen Materialien für Fassade und Innenwände. So werden Innen und Außen besonders bei Dunkelheit zu einer Einheit. Bedauern muß man, daß sich die wirklich schönen Treppen hinter den wie aufgeklebt wirkenden geschlossenen Fassadenelementen verstecken und damit das »Treppenschauspiel« aufs Innere beschränken.

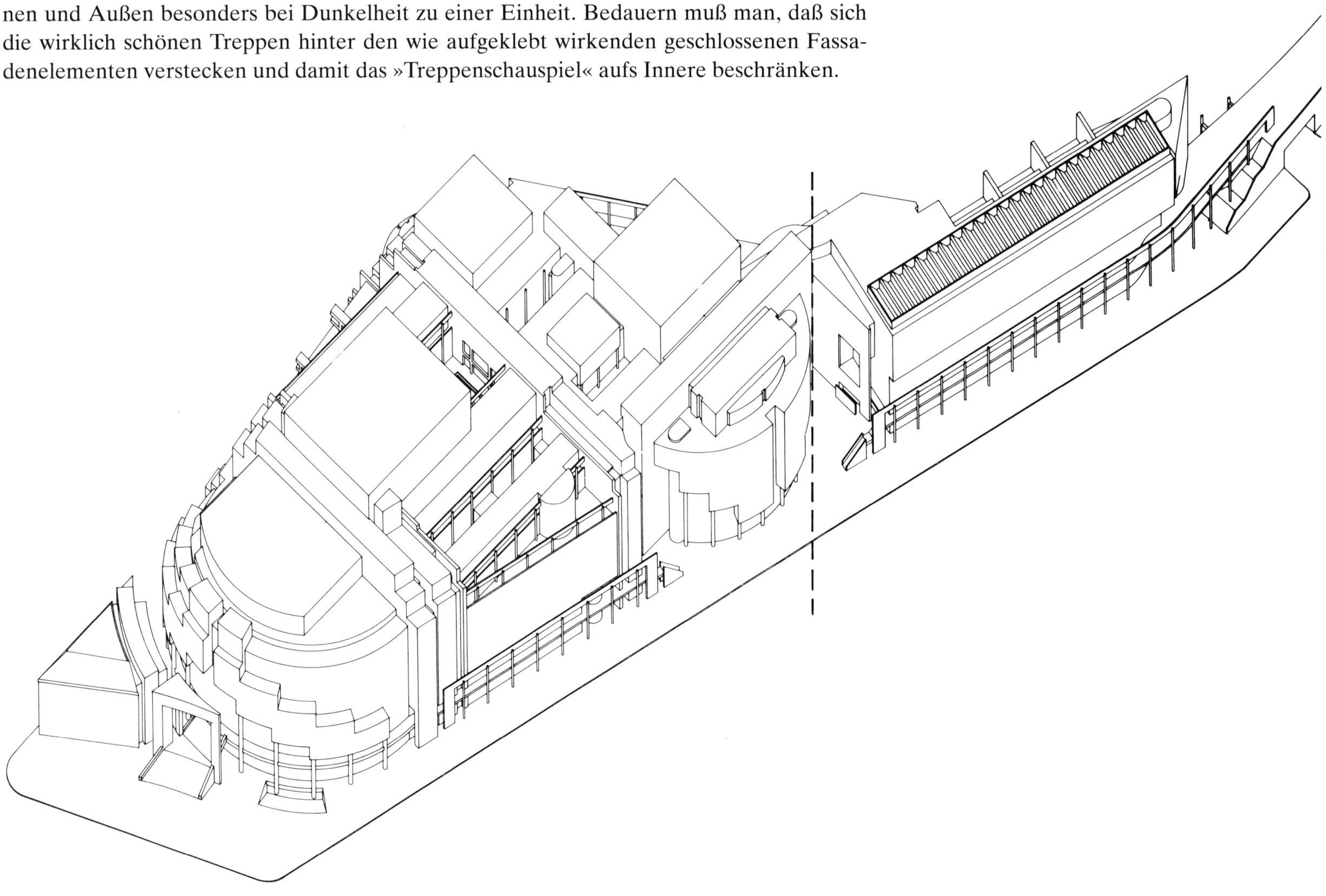

Axonometrie, etwa aus gleichem Blickwinkel
wie die Luftaufnahme, mit der Trennung zwischen 1. und 2. Bauabschnitt.
Das Foto zeigt fast eine Frontalansicht der
Oper am Platz, die nicht axial auf die Säule
orientiert ist.

Alle Flächen des Eingangsbereichs werden aus Quadraten gebildet, die unterschiedlich groß sind, verschiedene Farben haben und durchsichtig oder opak, konvex oder konkav sein können. Mit diesem formalen Grundgerüst bindet der Architekt die vielen, oft heterogenen Formen zusammen.

Die Foyers schmiegen sich der Zylinderform an, schwingen nach oben über Treppen mit Selbstdarstellungsqualität, gestatten Blicke nach draußen, öffnen sich in kleine Räume und stehen der Garnier-Oper in der Erfüllung jener Wünsche des Sehens und Gesehenwerdens nicht nach.

Carlos Ott sagte in einem Interview: »Es war notwendig, jene Aufspaltung aufzuheben: den Innenraum des Opernhauses und den Außenraum der Stadt.« Deshalb hat er wohl auch zwischen großer Freitreppe und verglasten Eingängen jenes gewaltige Torsignal gesetzt, die Erdgeschoßzone des Foyers in einer ganzen Abwicklung fast wie ein Stück des Platzes behandelt, der an dieser Stelle, gewissermaßen eine Cour d'Honneur im modernen Sinne, auch durch die geschickte Einbeziehung des ehemaligen Restaurants »La Tour d'Argent« in das Studiotheater eine opulente Weite und sympathische Leere erhielt, ohne in den Rest des Platzes Impulse auszusenden.
Die einfachen Formelemente, von denen Carlos Ott als den Bausteinen des Hauses spricht, sind an der Place de la Bastille am deutlichsten: Man erkennt den Kreis im Halbrund des Glaszylindergrundrisses und das Quadrat für Maßstab und Strukturierung aller Flächen. Das ist so einfach wie bei der Revolutionsarchitektur vor 200 Jahren. Aber diese war in abstrakten Zeichnungen dargeboten und nur in einigen bescheidenen Bauten realisiert. Die Bastille-Oper steht jedoch mit ihrer Masse in einem dichten Wohnquartier, dessen Maßstäblichkeit sie auf Grund ihrer Konzeption der einfachen Formen ignorieren muß. So erdrücken ihre rückwärtigen Bauteile die feinstrukturierte vorhandene Wohnbebauung. Dazu hat natürlich auch ein Bauprogramm beigetragen, das bei diesem beengten Grundstück zu solchen Massierungen führen mußte. Zum Platz ist ihre Wirkung durchaus monumental und beide – Platz und Oper – sind in ihren Ausmaßen kongruent, doch während die Straßen, die zum Platz führen, den anderen, kleinteiligen Maßstab haben, ist die Oper konsequent in ihrer Monumentalität bis zur letzten Werkstätte.
Die politischen Ereignisse im Jahr 1986 führten zu einem Baustopp, zu Programm-Modifizierungen und einer neuen Prioritätenliste, nachdem die Garnier-Oper doch als Oper weitergeführt werden und die Bastille-Oper das Musik- und Tanztheater sowie Solistenkonzerte übernehmen sollte.
Der Kernbau wurde 1988 zum Weiterbau wieder freigegeben, doch das zweite Haus (die »Salle modulable«) sowie der Werkstättenbau gehören zu einer späteren Bauphase.
Das Haus wurde im Juli 1989 eröffnet und hat jetzt zwei Spielzeiten hinter sich. Als Opernhaus hat es durchweg positive Kritiken erhalten und steht in der Gunst des Publikums ähnlich hoch wie die alte Oper.
Architektonisch und städtebaulich sind die Bewertungen nicht so positiv ausgefallen, was sich nicht auf den Kern, den Zuschauerraum – der allgemeine Zustimmung der Fachwelt erhielt – , sondern darauf bezieht, welche städtebauliche Rolle er an der Place de la Bastille spielt.

Ehe die Oper festlich eröffnet werden konnte – das Foto zeigt den Zuschauerraum während dieses Ereignisses –, durchlief die Saalkonzeption mehrere entscheidende Veränderungen, die sich in den rechts abgebildeten Zeichnungen dokumentieren: Bei der überarbeiteten Wettbewerbsfassung werden der fächerförmige Grundriß umgewandelt und die akustischen Belange weiter ausgeformt (1). Weiterer Entwurfszustand vom April 1984 (2). Grundrißänderung mit parallel begrenzten Seitenwänden, was beim endgültigen Entwurf beibehalten wurde. Die Lichtdecke wurde ebenfalls weiterbearbeitet (3).

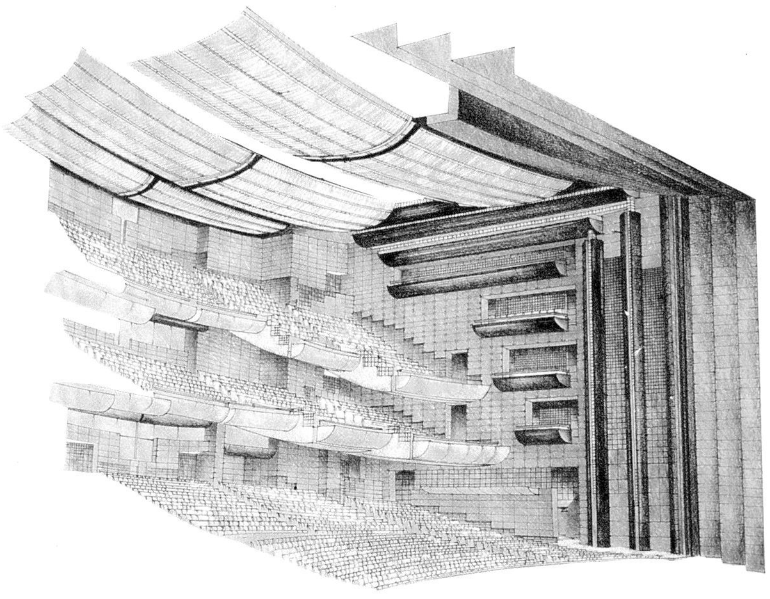

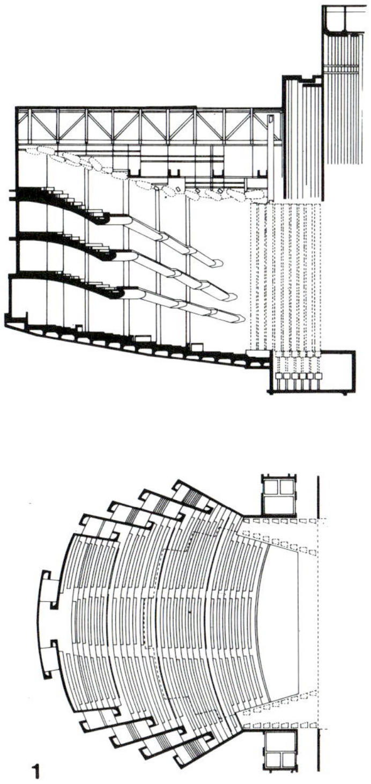

1

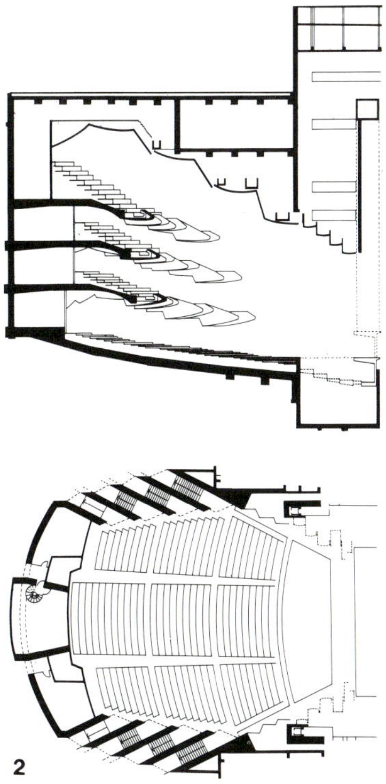

2

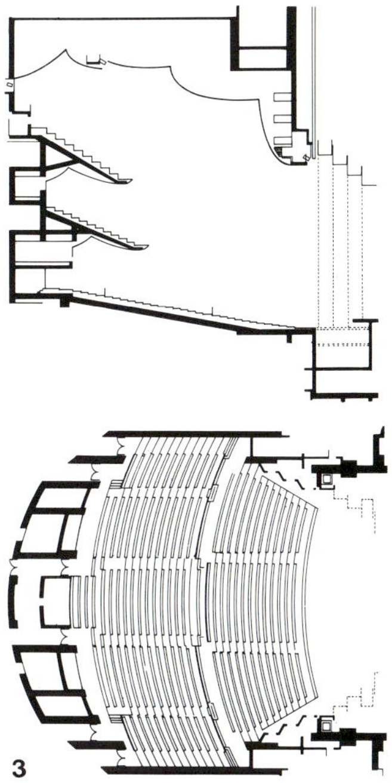

3

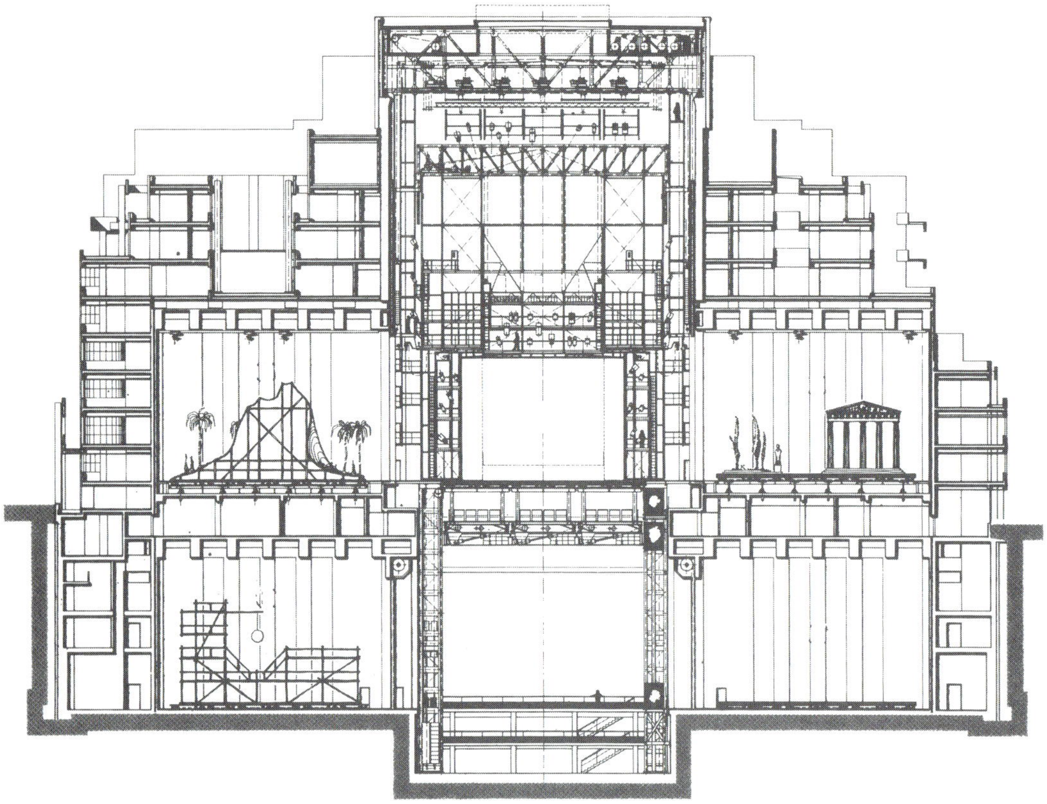

Der Querschnitt durch die Ebene der Hauptbühne und der Bühnengrundriß zeigen die fast gigantischen Volumen, die sich um die Hauptbühne gruppieren.
Sympathisch sind im Zuschauerraum Einschnitte in den Seitenwänden für weitere Zuschauerplätze durchgeführt, ebenso die abgerundeten Balkonbrüstungen. Das untere Foto zeigt das Amphitheater im Untergeschoß während einer Studioaufführung.

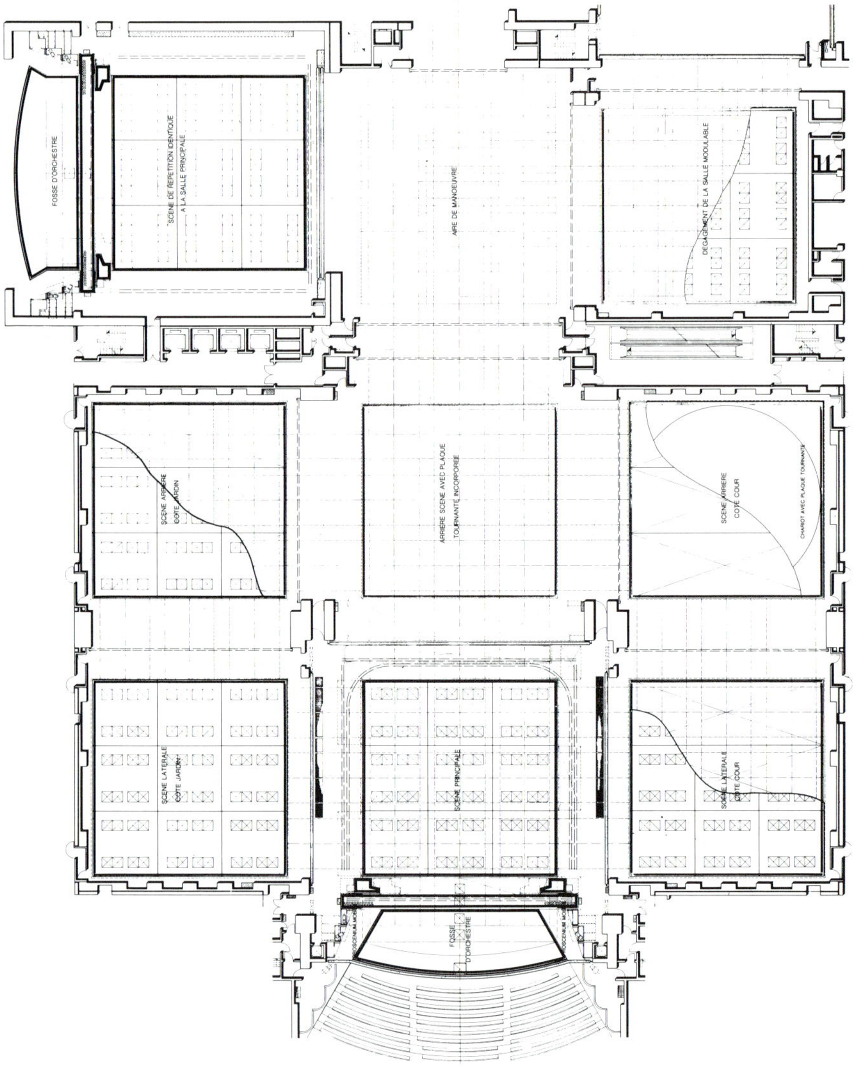

Der Zuschauerraum, von der Bühne aus gesehen, zeigt die architektonische Ordnung dieses Raumes, die mit seiner fundamentalen Grundfigur zusammenhängt, aber auch mit der Entscheidung, alle eingefügten Elemente als Individuen zu behandeln: geteilte Balkone, geteilte Lichtdecke, geteilte Seitenbalkone, darüber die geteilten Akustikelemente.

Le Ministère des Finances

Wie kann, wie muß eine Alternative zum Richelieu-Flügel des Louvre aussehen, den das Finanzministerium im Juli 1989 räumen mußte? Wie ein »moderner« Louvre? Oder hätte auch ein solider Verwaltungsbau, wie in der Défense vielfach gebaut, den Bedürfnissen des Ministeriums entsprochen? Braucht ein Minister, der im Pomp Napoléons III. zu residieren gewohnt war, mehr als nur einige gut eingerichtete Repräsentationsräume? Und entscheidender als die Repräsentation: Wie kann man die 6.000 Mitarbeiter in einem Gebäude unterbringen, ohne daß es den Maßstab seiner Umgebung zerstört wie Maine-Montparnasse? Und was könnte ein Neubau mit der Masse eines kombinierten Ministeriums »de l'Economie, des Finances et du Budget« für eine bestimmte Stelle der Stadt Paris auch an Revitalisierung bedeuten?

Heute haben die meisten vergessen, daß dieses Projekt, nachdem es in Gang gebracht worden war, wieder rückgängig gemacht wurde: Für kurze Zeit gab es einen Finanzminister Edouard Balladur von der RPR, dem die Situation in Bercy viel zu weit weg war von den Quellen der Macht und vielleicht auch von der übernommenen Prächtigkeit aus vergangenen Jahrzehnten.

Doch als die Sozialisten 1988 wieder das Finanzministerium mit – wieder – Pierre Beregovoy an der Spitze erhalten hatten, wurden die alten Umzugs- und Neubaupläne erneut in Kraft gesetzt.

Der Wettbewerb

Nach der Entscheidung Mitterrands vom September 1981, den Louvre-Flügel zu räumen, fand man schon bald ein geeignetes Grundstück in Bercy, im Ostteil der Stadt, der nach Überlegungen der Stadtverwaltung in Zukunft stärker bei der Stadterneuerung zu berücksichtigen sei, als das bisher zugunsten des Westteils geschehen sei.

Das Grundstück mit seinen 48.500 qm grenzt im Osten an die Eisenbahn und die Gare de Lyon, im Süden an die begrünte gekappte Pyramide des Palais Omnisports der Architekten Andrault und Parat, den Boulevard de Bercy, der die Seine über den zweistöckigen Pont de Bercy überquert, und im Westen an die Seine und den sie begleitenden Quai de la Rapée. Im Norden schließlich grenzt das Grundstück an die Rückseiten von bis zu 20 Geschosse hohen belanglosen Verwaltungsbauten.

Nur mit seiner Schmalseite grenzt das Grundstück an die Seine, aber es liegt eben doch an der Seine, was in sich ein Prestige ist. Und das Gebäude konnte nicht wie mancher berühmte Vorgängerbau mit seiner Front, sondern nur mit seiner Schmalseite zum Fluß weisen. Hier residiert der Minister.

Im Juni 1982 wurde ein Wettbewerb ausgeschrieben, der im Dezember desselben Jahres zur Beauftragung der Architekten Paul Chemetov und Borja Huidobro führte.

Die Architekten brachten die 22.500 qm Nutzfläche im Hauptbau A (senkrecht zur Seine), dem Bau B (parallel zur Eisenbahn an der Rue de Bercy) und einer Hofbebauung C (im Norden von A) unter. Die Flügel beidseits von Bau B beherbergen teilweise Wohnungen und stammen von den Architekten Louis Arretche, Roman Karazinski und V. Ciocardel sowie Emile Duhart-Harosteguy.

Die Architektur

Wie bei allen großen Projekten anscheinend unvermeidbar, erhielt auch dieser Entwurf sofort oberflächliche Kritik. Formulierungen wie »Stalinistische Architektur« oder »Mautstelle an der Autobahn« trugen die Fachkritiker dazu bei.

Die Ungewöhnlichkeit eines 370 m langen Riegels quer zur Seine mag dazu beigetragen haben. Doch ist seine Form nicht zufällig.

Der Pont de Bercy ist nicht nur ein wichtiges Element im Ensemble an diesem Punkt von Paris, sondern die Brücke markiert auch den Verlauf jener Mauern der ehemaligen »Fermiers-Généraux«, die bis 1860 an dieser Stelle die Stadtgrenzen bestimmten und von denen noch die beiden klassizistischen Bauten am Quai und an der Rue de Bercy stammen. Was die einen eine Barriere nennen, bezeichnen die Architekten als Definition des östlichen Zugangs zur Stadt, als Äquivalent zum Eiffelturm im Westen – und daher wohl auch der Vergleich mit einem liegenden Hochhaus. Und sie sehen in ihm einen »allegorischen Viadukt«, was exakt dieser Architektur auf der Südseite entspricht.

Luftaufnahme von Südosten. Der Ministerflügel als neue »Barriere«, rechts davon der Trakt neben den Gleisen. Vorne das Omnisports-Zentrum. Gewaltige städtebauliche Maßstabveränderungen.

Zwischen pfeilerartigen Mauerstücken aus Kalkstein gibt es sieben dunkle Öffnungen, die beiden äußeren sind wirkliche Durchfahrten, die nächste im Süden nimmt die Ehrenzufahrt auf, und die restlichen sind zurückgesetzte, mit dunklen Metallprofilen gegliederte Glasflächen. Und mit diesem Vokabular haben die Architekten auch das westliche Ende dieses »Viadukts« behandelt. Der »abgebrochene« Bogen ragt wie ein Erker über die Seine, eine Stahl-Glas-Konstruktion mit einer Mütze aus Stein.

Ähnlich verfuhren sie mit dem elegant gekrümmten Bau an der Eisenbahntrasse. Auch bei ihm umrahmt eine steinerne Zone – Treppenturm und mehrgeschossige Attika – eine dunkle Öffnung. Nur gibt es hier deutlich artikulierte waagerechte Bänder und eine ganz sparsam gegliederte Stahl-Glas-Fläche. Man muß die bewußte Beschränkung auf wenige Materialien aus der Nähe betrachten, wie die Betonoberflächen beispielsweise poliert, sandgestrahlt oder granuliert ausgeführt wurden, um ein Ordnungsprinzip zu finden, das ebenso in der Nähe wie aus der Weite wirkt.

Das sind die beiden wichtigsten städtebaulichen Eindrücke. Im einzelnen bietet sich der Bau als eine sehr differenzierte, raffiniert ineinander verwobene Baugruppe dar.

Das beginnt am Haupteingang, Rue de Bercy, in dem Klassizismus-Haus. Man hat es als Entree für Gäste umgebaut, was ihm nicht gut bekommen ist. An seiner Rückseite erreicht man über eine sehr breite Treppe den großen nördlichen Hof und ist damit auf der Verteilungsebene – oberhalb der dreigeschossigen Tiefgarage und den Technik-Untergeschossen –, die sich nach Westen als Brücke fortsetzt, von der man Zugänge zu dem Bau im Norden sowie über Treppen in andere Ebenen hat. Die Verteilungsebene ist öfter durchstoßen, um Tageslicht in das nächste untere Geschoß eindringen zu lassen. Schließlich gelangt man auf den Ehrenhof, der vom Konferenzbau, dem zweiten Klassizismus-Gebäude, und der Ehrenpforte begrenzt wird.

Mit diesem Wegesystem, das durch Brücken in den Obergeschossen ergänzt wird, haben die Architekten eine überzeugende Gliederung dieser großen Baumasse mit einer architektonisch beispielhaften Raumkomposition verbunden. Die hier Arbeitenden haben gerade in den offenen Verbindungen der Häuser nie das bedrückende Gefühl, sich im größten öffentlichen Verwaltungsbau Europas zu befinden.

Hier wird auch die strenge strukturale Ordnung spürbar, die von weitem schon den Bau bestimmt: Die Kerne für Treppen etc. mit ihrer differenzierten Naturstein- und Betonwerksteinbekleidung und nur wenigen Fensteröffnungen gliedern die »normale« Bürohauswand aus dunklen Metallsprossen und dunklem Glas, das sich wie eine straff gespannte Membran darbietet oder sich in zwei Schichten auflöst – rückwärtige Glasschicht und vorgezogenes Metallgitter – was aber auch wieder geschoßweise wechseln kann, so daß Glas und Gitter in einer Ebene liegen. Manchmal wird auch das Gitter über benachbarte Steinflächen gezogen. Die Varianten des einen Themas verhindern, daß Langeweile aufkommt, Uniformität herrscht und damit Orientierungslosigkeit und das Ganze nur wie das in den Maßstab 1:1 aufgeblasene Wettbewerbsmodell wirkt. Andererseits zeigt diese Beschränkung auf wenige Komponenten, wie katastrophal eine Unzahl von Ideen und Motiven für diesen Bau sich ausgewirkt hätte.

Nach ähnlichen Kompositionsregeln sind die Längsseiten entwickelt. Es gibt einen viergeschossigen Architrav, der die ganze Gebäudelänge durchläuft. Aber er ist zum Teil vor den Gebäudekern gesetzt, und jedes Geschoß ist anders gegliedert. Dazu kommt, daß die beiden großen Durchfahrtsöffnungen durch Stahlfachwerkträger (von jeweils 60 m Länge) überbrückt werden, die hinter der steinernen Architravschale sitzen und nur in ihrem oberen Viertel sichtbar sind. Der Rest wird von der Schale verdeckt. Nach unten aber werden zwei Geschosse, als Stahlkonstruktionen ausgebildet, sichtbar.

Daß die Silhouette durch den herausragenden Helikopter-Teller unterbrochen werden mußte, ist wohl als Zugeständnis an Prestigebedürfnis und Ubiquität der Repräsentanten des Staates zu verstehen.

Auf der Südseite gibt es noch eine Variante. Das ist das Feld mit der Ehrenpforte. Diese sollte nicht in eine übliche Bürofassade eingeschnitten werden, weshalb hier der Stein dominiert. Doch wurde ein Teil der Fassade so aus der Bauflucht gedreht, daß damit einmal die über eine Brücke erreichbare Ehrenpforte verdeutlicht, zum anderen der Eindruck des hier nur Hineingestellten und Nicht-Tragenden noch unterstrichen wurde.

Die Aufteilung des Ministeriums in den Hauptbaukörper senkrecht zur Seine, die westliche Hofbebauung und den Flügel parallel zur Eisenbahn schuf überschaubare Funktionseinheiten und reduzierte die riesige Baumasse auf Einheiten, die die Stadt an dieser Stelle verkraften wird.

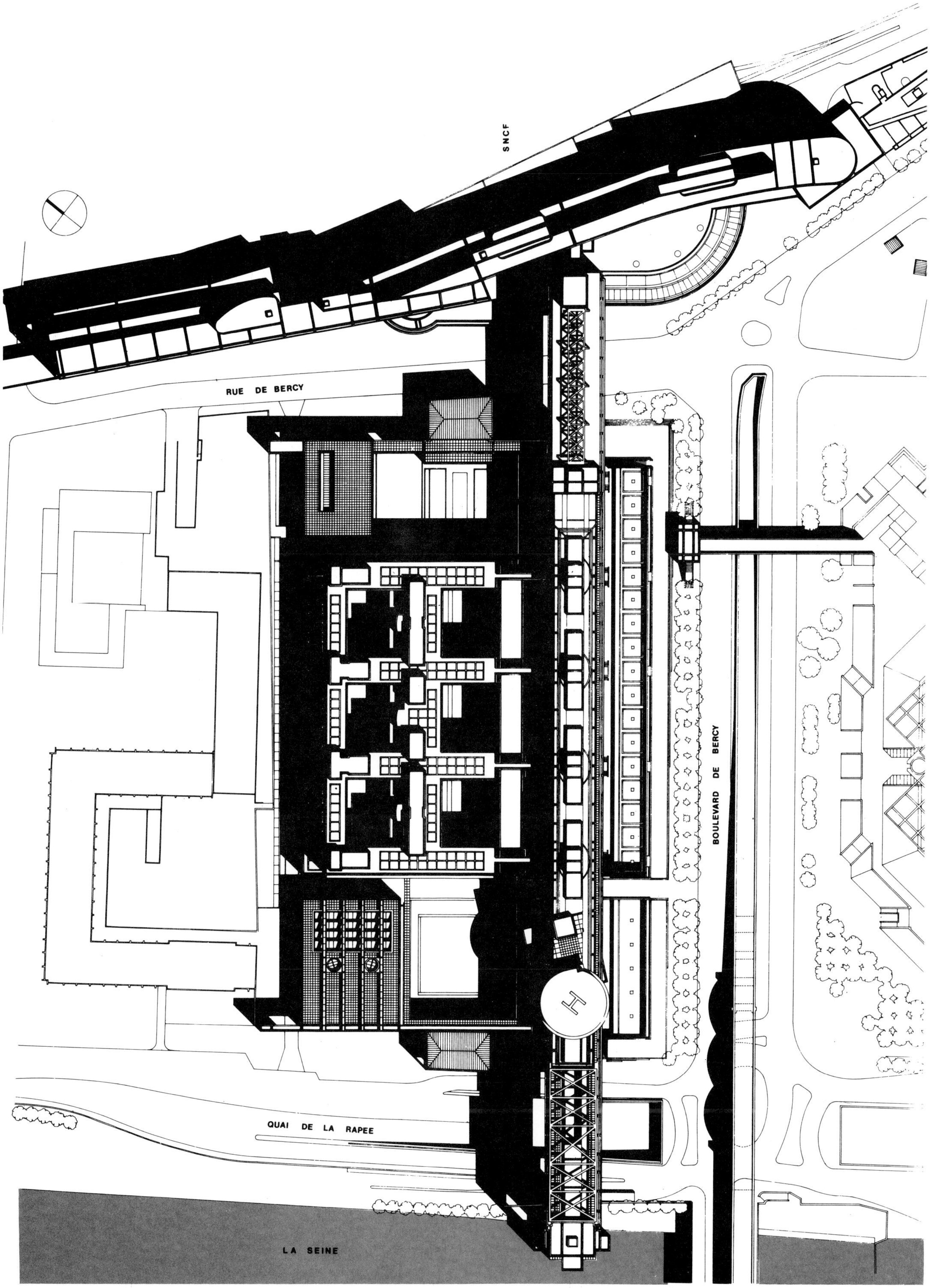
SNCF
RUE DE BERCY
BOULEVARD DE BERCY
QUAI DE LA RAPEE
LA SEINE

Die Freiflächen des Bauwerkes – Höfe, Brücken, Vorplätze – sind einfach, sehr überzeugend in ihrer architektonischen Konzeption, doch manchmal von Gärtnern zu einfach dekoriert. Das trifft besonders auf die sehr schöne Idee zu, vor die Südfassade einen Graben zu legen, wohl in Erinnerung an die früher hier verlaufende Stadtbefestigung. Damit schafft der Bau eine Distanz zwischen sich und der Verkehrsschneise vom Boulevard de Bercy und der Bahnrampe zur Brücke und erhält die ihm gebührende Schwelle. Diese schöne Idee wird leider durch Dekoration mit Blumen und mit Kleinplastiken peinlich verniedlicht. Wie so etwas richtig zu machen ist, haben die Architekten um die Ecke an der Eingangsplaza gezeigt: großformatiger Plattenbelag, Baumraster, sonst nichts.
Wie im Äußeren ist das Gebäude auch in seinem Innern zweigeteilt. Es gibt die vielen ähnlichen Büros für die 6.000 hier Beschäftigten, dazu ein Kostenlimit von 7.500 Francs je Quadratmeter, und auf der anderen Seite den Bau für die Repräsentation, das Gebäude A. Das Normalbüro unterschiedlicher Größe hat eine Standardmöblierung, die durch einen Wettbewerb des Kultusministeriums von 1982 unter den Firmen Clen, Strafor und Knoll entschieden wurde. In der wabenförmigen Decke sind Leuchtwannen und Medienleitungen untergebracht. Letztere werden gebündelt in einer Art hängenden Zapfsäule bis kurz über dem Boden geführt, wo sich Auslässe und Steckdosen befinden. Fußbodenkanäle und -auslässe gibt es nicht. Die Räume haben individuell regulierbare Klimatisierung beziehungsweise Heizung, und die Fenster können durch Innenrollos verdunkelt werden, wenn die Computer-Displays von ihnen überstrahlt werden. Etwa jedes zweite Fenster kann man öffnen.
Die Innenflure sind eng und vorläufig noch ohne leicht verständliches Leitsystem. Der Gesamteindruck: ein nicht außergewöhnliches, doch angenehmes Arbeitsambiente.
Ganz andere Maßstäbe wurden beim Entwurf des Baues A, dem Ministerflügel, angelegt. Parallel zur äußeren West-Ost-Erschließung gibt es im Innern eine gleiche Achse, die »Grand Hall«. Sie reicht vom Eingang an der Rue de Bercy bis zur Ehrenpforte, ist zweigeschossig mit kleinen, hineingestellten Emporen auf der Südseite und verkörpert das, was man heute mit Grandeur, Monumentalität, Selbstdarstellung des Staates verbindet.
Edler Stein herrscht vor, an den Wänden ähnlich verarbeitet wie an den Außenseiten, auf dem Boden ein großformatiges Mosaik vieler Marmorarten. Guy de Rougemont war der Künstler. Dazu die wechselnden Ausblicke durch die wandhohen Fensterwände.
Die Ministerbüros sind elegant, unterkühlt, kommen ohne nationale Embleme aus. Es gibt viel (helles) Holz, manchmal wie in alter japanischer Architektur zu unterschiedlichen Gittern verarbeitet. Ähnlich ausgestattet ist die Ehrenhalle, jedoch mit mehr Imponierattitude versehen. Vor den Speiseräumen verläuft eine Spiegelgalerie, von der man einen Blick auf die Stadt, aber auch auf die riesigen Trägerdiagonalen und auf die draußen vorbeigeführte Steinfassade hat. Als Sichtschutz in allen Räumen dienen Leinen-Faltgardinen. Es gibt Steinböden für die Gesellschaftsräume, Teppichböden in den Büros. Noch spürt man überall das Wirken der Architekten, auch bei den Möbeln: nachgebaute Le-Corbusier-Fauteuils, Eames-Sessel, und alles in schwarzem Leder und Chrom. Nirgendwo jene Nußbaum-Repräsentanz von jenseits des Rheins.
Die Architekten hofften, daß kein Mensch von ihnen ein neues Versailles erwartet habe, sondern einen Bau, der die Gegensätze von moderner Welt und Tradition zu einer durchaus sinnvollen Symbiose bringe. Der Bau sollte Repräsentations- und Funktions-Wünsche befriedigen und darüber hinaus ein Symbol darstellen.
Viel auf einmal, doch hier scheint es erreicht worden zu sein.

Drei Skizzen von Borja Huidobro zur Wirkung des Ministerflügels aus verschiedenen Richtungen und damit in unterschiedlichen städtebaulichen Zusammenhängen.

Die Beziehungen zwischen Ministerium, der Brückenrampe mit dem Omnisports-Hügel und auch den unmittelbar angrenzenden Hochhäusern zeigt die Zeichnung von Borja Huidobro vom April 1984.
Die Schmalseite des Ministerflügels, mit der letzten Stützenachse bereits in der Seine, ist so etwas wie die Schmuckseite des Ministeriums, an der die Architekten zeigen wollten, wie hier die wichtigsten Elemente – Brücke, Stütze, Stein und Glas – beispielhaft eingesetzt wurden.

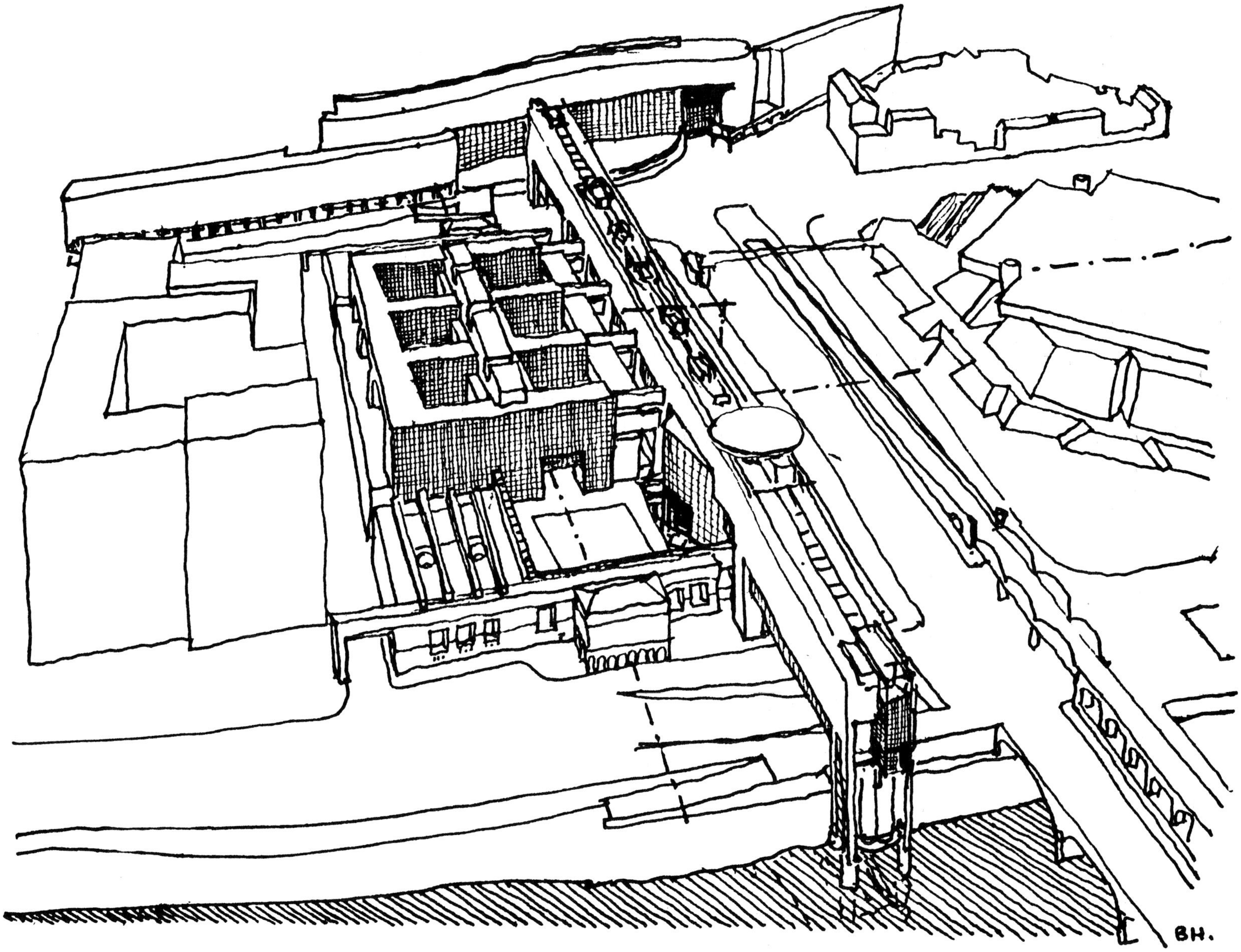

Nächste Doppelseite: Die beiden Straßenüberbauungen und deren kleinteilige Nachbarschaft sowie der Weg zwischen den Hofbauten (links) und dem Ministerflügel. Neben räumlichen Qualitäten fällt hier auch die straffe Detailbearbeitung bei Stein und Metall/Glas-Konstruktionen angenehm auf.

Ministere de l'Economie et des Finances

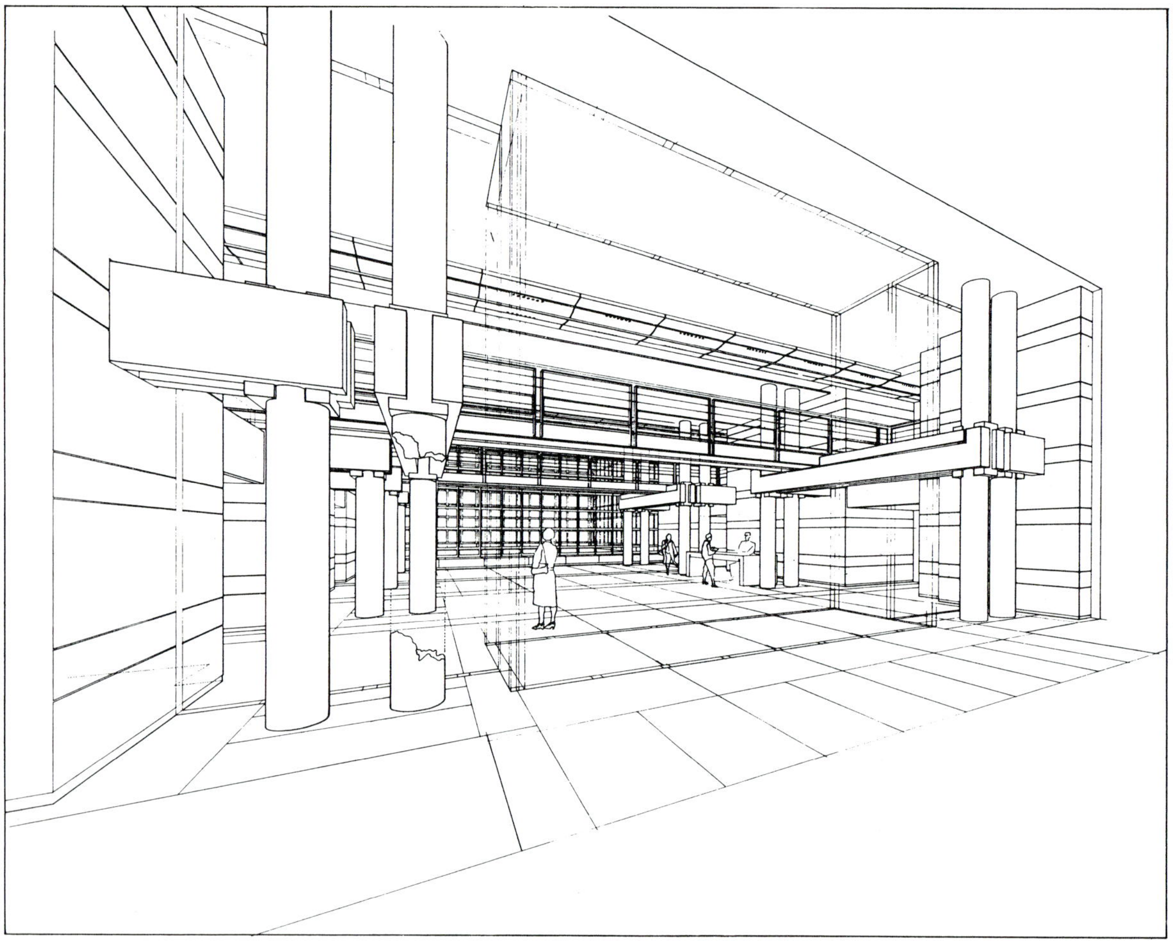

Die Repräsentanz des Staates in einem Finanzministerium richtig zu dosieren, kommt einer Quadratur des Kreises gleich. Wo liegt die obere Grenze der Finanzmittel, was ist ein Minimum an Repräsentanz? Die Architekten haben dieses Problem auf ihre Art gelöst. Material und Verarbeitung sind von hoher Qualität, Einbauten und Mobiliar ebenso, jedoch ohne den geringsten Anflug von Protz oder Provinzialität und ohne jedwede historisierende Details. Sicher sind Nüchternheit und Intellektualismus, wie sie hier realisiert sind, weniger Sache des Ministers als der Architekten gewesen. Doch gegenüber dem Napoléon-III-Bombast im Richelieu-Flügel des Louvre ist Chemetovs Idee für uns Heutige von größerer Glaubwürdigkeit.

La Bibliothèque de France

Am 14. Juli 1988 verkündete Präsident Mitterrand, er wolle die modernste Bibliothek bauen lassen, der er den Namen Bibliothèque de France gab. Dominique Jamet, der Chef der Association pour la Bibliothèque de France, formulierte einmal, was mit dieser neuen Bibliothek unter anderem erreicht werden sollte: »Die alte Bibliothèque Nationale in der Rue de Richelieu braucht in jeder Hinsicht mehr Luft. Frankreich benötigt eine Institution ähnlich den angelsächsischen Bibliotheken mit ihrem Komfort, ihrer Perfektion, die diesem Land entspricht. Das traditionelle Bibliothekskonzept muß erweitert werden, so daß jedes Dokument über audiovisuelle Mittel der Öffentlichkeit zugänglich gemacht werden kann. Und schließlich: Dieses Ziel sollte eine monumentale architektonische Form erhalten, gerade weil die alte Nationalbibliothek an Raum, Funktionserfüllung und Erschöpfung krankt.« Soweit Dominique Jamet.
Mit den neuesten Datenübertragungstechniken soll die Bibliothek in ein enges Verbundnetz mit anderen Bibliotheken Frankreichs und Europas eingebunden werden.
Ihre Aufgabe und damit das Bauprogramm heißt: Alles Gedruckte nach 1945, weshalb sie aus der Bibliothèque Nationale die Bestände dieser Jahrgänge übernehmen wird, so daß die Bibliothèque Nationale Personal- und Lagerkapazitäten freibekommt für die Druckwerke bis zum Jahre 1945.
Nach den Vorstellungen des Präsidenten sollte die Bibliothek zu seinen Grands Projets gehören, sie sollte zu einem Zeugnis für die Architektur des 20. Jahrhunderts werden und durch ihren Standort zur Wiederbelebung des Pariser Ostens beitragen. Der Bau sollte für alle da sein – Wissenschaftler wie interessierte Laien.
Die Stadt Paris schenkte dem Staat dafür ein etwa sieben Hektar großes Grundstück (etwas größer als die Place de la Concorde) auf dem linken Seine-Ufer zwischen dem Pont de Bercy und dem Pont de Tolbiac, schräg gegenüber dem neuen Finanzministerium.

Der Wettbewerb

Im Februar 1989 erging eine Aufforderung an alle Architekten der Welt, sich durch Präsentation ihrer bisherigen Arbeiten um die Teilnahme an einem eingeladenen Wettbewerb zu bewerben. 244 Antworten trafen ein.
Aus diesen wählte ein Gremium der Association pour la Bibliothèque de France 20 Architekten, denen man am 21. April die Auslobung schickte. Am 7. Juli reichten die Architekten ihre Wettbewerbsarbeiten ein, die nur drei Blätter Zeichnungen und Skizzen sowie eine kurze Baubeschreibung umfassen durften.
Eine international besetzte Jury unter dem Vorsitz von I. M. Pei – neun Ausländer, acht Franzosen – wählte am 25./26. Juli vier Projekte als beste aus, wobei sie dem von Dominique Perrault den Vorzug gab. Die Verfasser der drei anderen waren Philippe Chaix und Jean-Paul Morel, Jan Kaplicky (Future Systems) sowie Stirling–Wilford. Der Präsident entschied auch in diesem Wettbewerb, welche Arbeit er ausgeführt sehen möchte. Es war die von Perrault.
In ihrer lapidaren Form wurde Perraults Arbeit mit dem Entwurf der Architektengruppe Snøhetta Arkitektur Landscap, Norwegen, für die Bibliothek von Alexandrien verglichen: Sie soll in einem großen, oben schräg abgeschnittenen Zylinder Platz finden, der ringsum von einer Wasserfläche umgeben sein wird.
Ähnliches hatten die Architekten Stirling–Wilford beabsichtigt: Bei ihnen setzt sich die Bibliothek aus mehreren lapidaren stereometrischen Formen zusammen, die an die frühe Revolutionsarchitektur erinnern: von Etienne-Louis Boullée das Grabmal Newtons beziehungsweise der Tempel der Natur – jeweils die von einem Ringgebäude eingefaßte Kugel – und der Halbzylinder der Königlichen Bibliothek an der Rue de Richelieu, wobei der Innenraum bei Stirling die Form des Außenbaues bestimmte. Oder verschiedene Entwürfe von Claude-Nicolas Ledoux für die Finanzverwaltung. Doch kommt die Komposition so vieler stereometrischer Körper bei Stirling nicht an die städtebaulich signifikante Lösung Perraults heran.

Luftbild mit dem Baugrundstück auf dem anderen Seine-Ufer. Vorne das Finanzministerium, darüber der Omnisports-Komplex.

Die Architektur

Sein Bau ist zweigeteilt: die unterirdischen, zu einem versenkten Garten orientierten Räume und die vier 86 m hohen Büchertürme. Die Publikumsräume hat der Architekt in drei

Doppelgeschossen um einen 58x187 m großen Innenhof angeordnet, dessen Maße dem des Palais Royal sehr nahekommen und dessen Ebene 21 m unter Terrain liegt.
Der Bau mißt etwa 330x170 m und hat auf drei Seiten schier endlose Freitreppen, die den monumentalen Türmen den entsprechenden Sockel geben. Dieser Sockel ist als ringsum geführte Platte erweitert, von der man nicht nur in den Garten hinabschauen kann, sondern der in seiner Riesenausdehnung durchaus mit dem Parvis der Grande Arche in der Défense konkurrieren kann.
Dadurch daß die Publikumsräume alle unterirdisch liegen, werden bei einer durchschnittlichen Bautiefe von 50 m die meisten Zonen künstlich belichtet und belüftet werden müssen. Deswegen nannte Philip D. Leighton, Fachmann für Bibliotheksarchitektur der Stanford University, sie wohl auch »vergrabene Bunker«. Dabei ist die Hälfte davon Buchlager, also sinnvoll genutzt!
Die Büchertürme an den vier Gebäudeecken werden zum Symbol der Bibliothek werden, und sie haben auch einen symbolhaften Grundriß: den eines stehenden aufgeschlagenen Buches. Hier sollen die 12 Millionen Bücher hinter besonderen Glaswänden gehortet werden, die so beschaffen sind, daß keinerlei Strahlung die Bücher selbst zerstört oder die Raumtemperatur ungünstig beeinflußt. Aus Kostengründen wurde bei der Überarbeitung jedoch diese Idee fallengelassen, und im Winter 1991 entwickelte Perrault ein System aus Doppelscheiben und Jalousetten für die Gartenseiten und gab damit sein Konzept der Transparenz auf.
Zur Zeit wird das Projekt von vielen Seiten angegriffen, was nur zum Teil berechtigt ist. Viele konstruktive und konzeptionelle Einzelheiten sollen bei der Weiterbearbeitung des Entwurfs berücksichtigt werden. Die Beteiligten weisen beispielsweise darauf hin, daß von den insgesamt 400 Regalkilometern nur 260 auf die vier Türme und der Rest, immerhin 140 Kilometer, hinter den Lesesälen eingegraben im Hauptbau verteilt würden.
Daß das Problem, wie Bücher in Türmen vor dem Einfluß des Sonnenlichts geschützt werden können und die hier arbeitenden Menschen nicht in Betonkisten eingeschlossen sind, zu lösen ist, daran besteht bei Fachleuten kein Zweifel.
In der stadträumlichen Komposition wird Perraults Bibliothek mit ihren vier Falttürmen über dem Sockel ein interessantes Pendant zum »liegenden Wolkenkratzer« des gegenüberliegenden Finanzministeriums sein und Maßstäbe setzen für den Neubau des umliegenden Industrieviertels.
Die oft geäußerte Sorge, daß in diesen tiefen Garten kein Sonnenstrahl fiele, ist wohl unbegründet, denn Höfe mit einem Mindestabstand von 58 m zwischen sechsgeschossigen Hofwänden – und nichts anderes wird ja hier entstehen – sind nicht nur gang und gäbe in Städten, sondern optimale Wohnhöfe. Und der Blick in sie wird sicher erholsamer sein als auf die Unruhe der Umgebung. Die durch die Türme bedingte Verschattung kann unter Umständen beachtlich werden.
Daß Beschäftigung mit Büchern Konzentration verlangt, zeigt das Vorbild einer Bibliothek schlechthin: Der Lesesaal der Bibliothèque Nationale (1843–50) von Henri Labrouste empfängt Tageslicht aus den Kuppeln und Fenstern, die oberhalb der Bücherregale angebracht sind. Und an diesem Bau wird man Perraults Arbeit messen.
Wie bei vielen ähnlich rigorosen Wettbewerbsarbeiten besteht bei Perraults Entwurf die Gefahr, daß durch Diskussionen, Verbesserungen in Details, »praktischere« Lösungen seine lapidare Form von Fachleuten vieler Couleur zerredet wird. Das sollte man vermeiden.

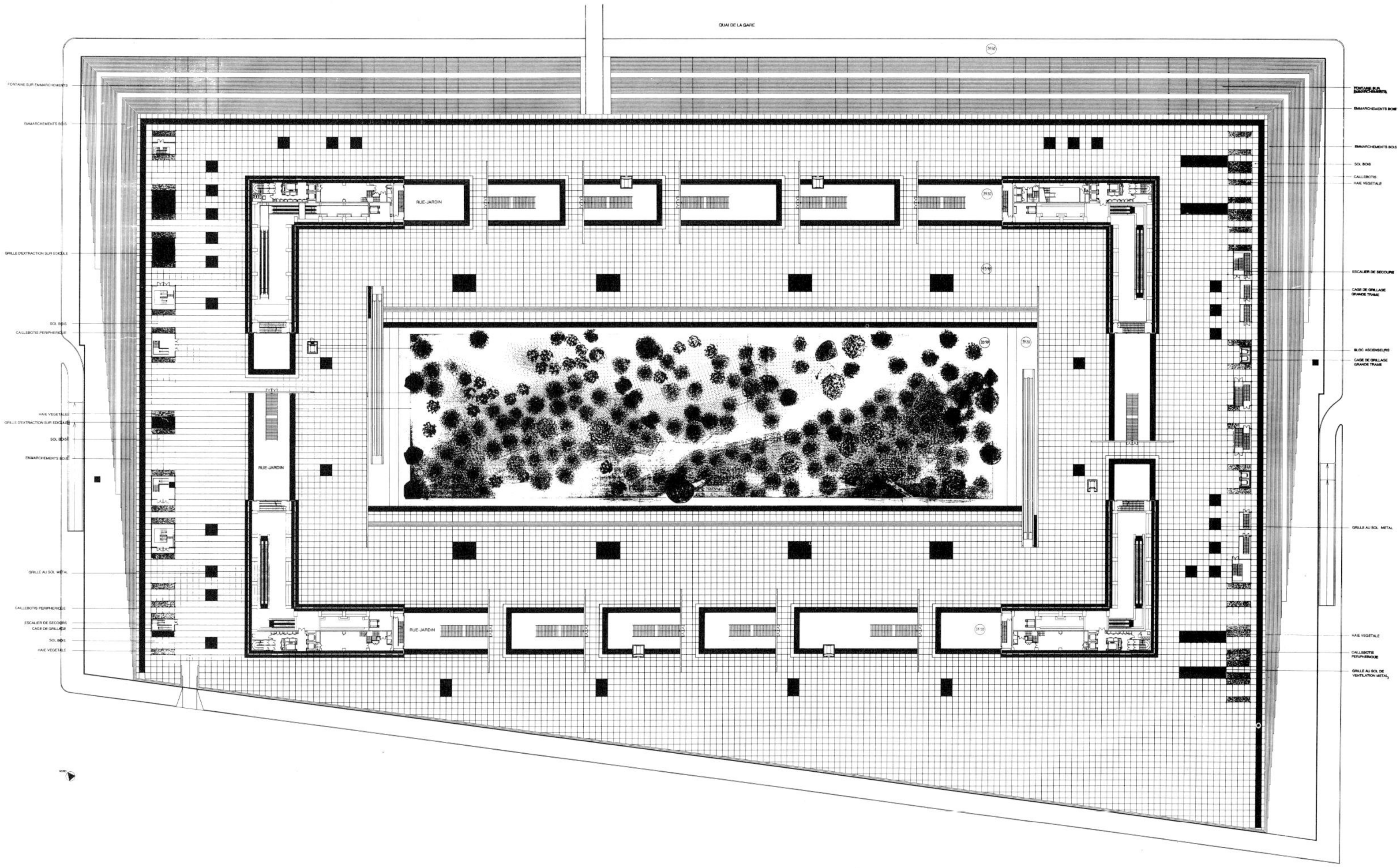

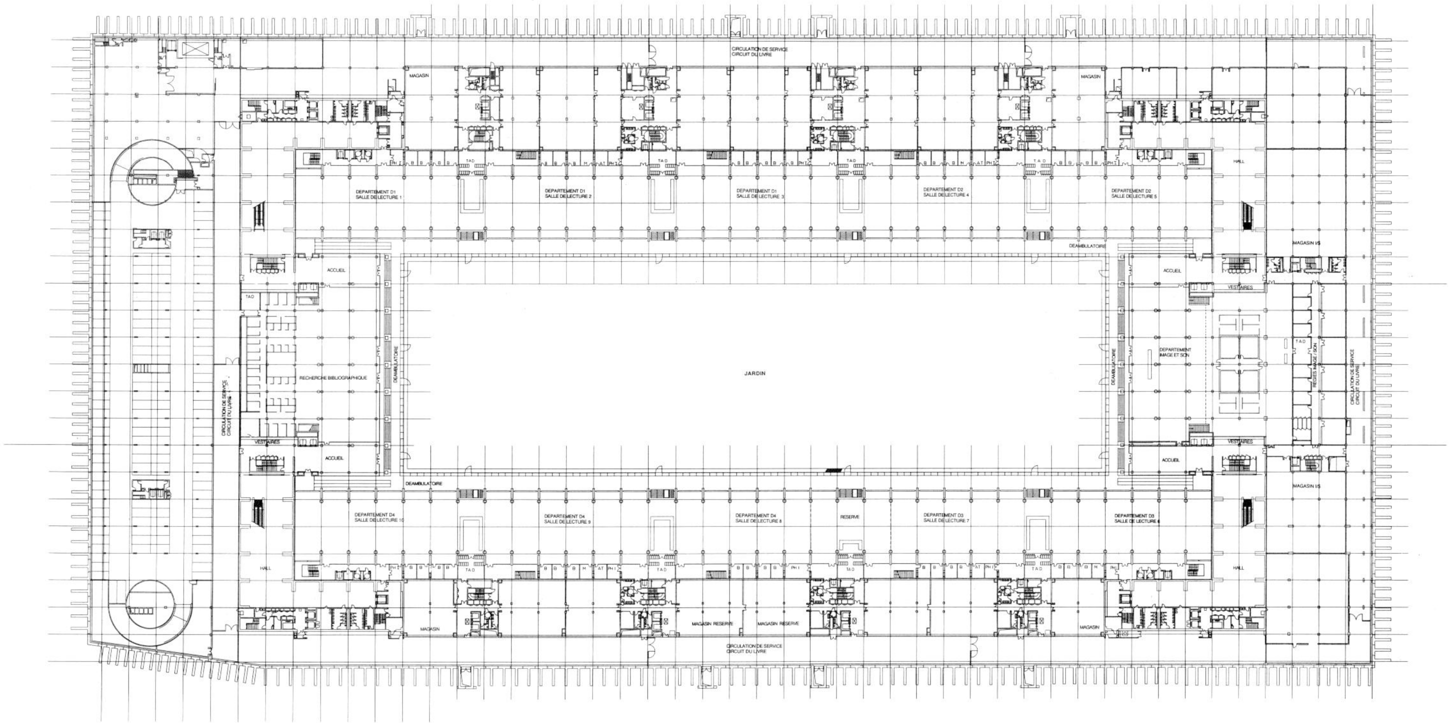

Ebene 43,50, M 1:2000. Esplanade.
Ebene 20,50, M 1:2000. Gartenebene, Hörsäle.
Vorprojekt vom November 1991.

Schnitt durch einen Turm und Sockel, M 1:500.
Rechte Seite: Modell von der Seine aus gesehen; Gartenecke mit Sockel und unteren Geschossen eines Bücherturms.

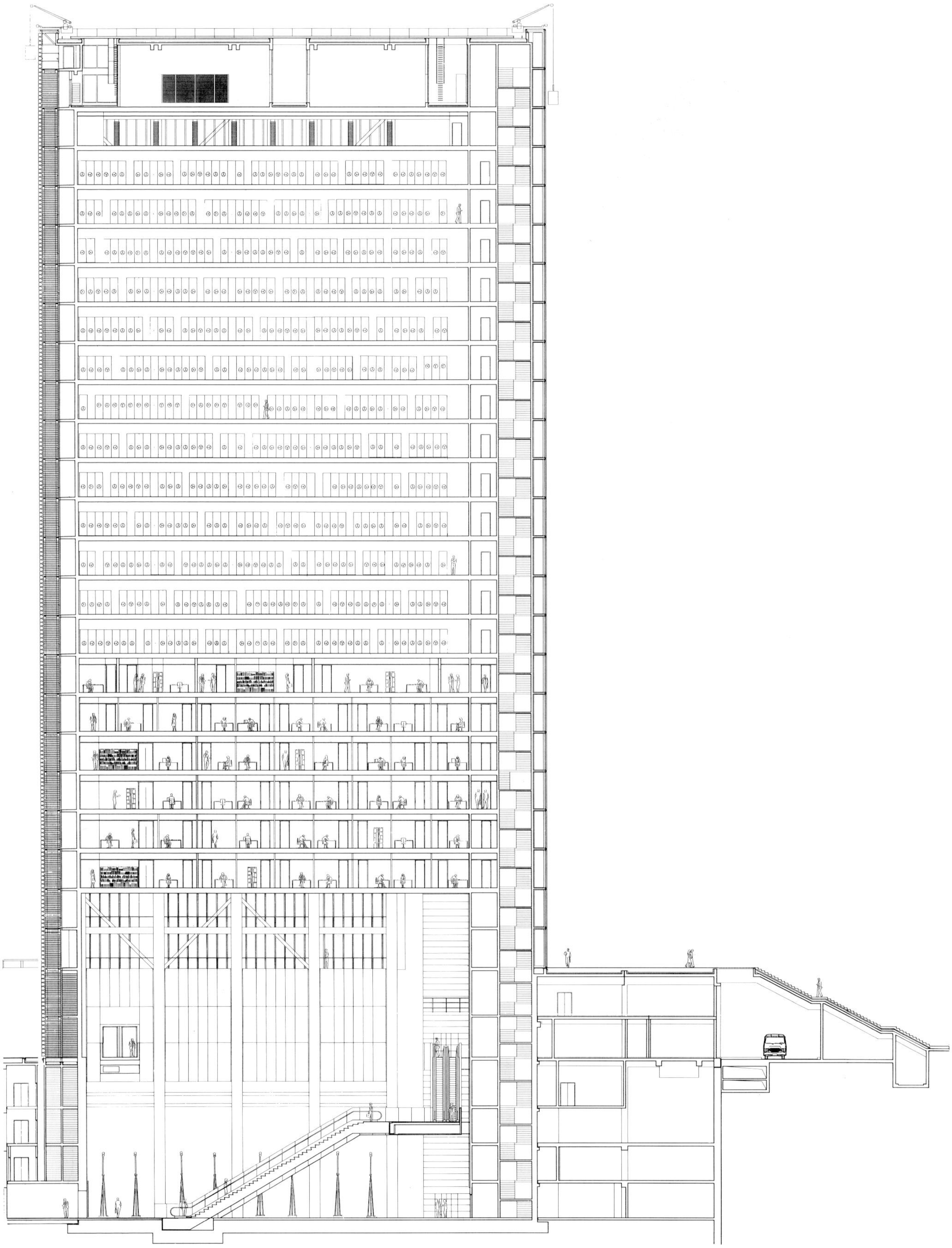

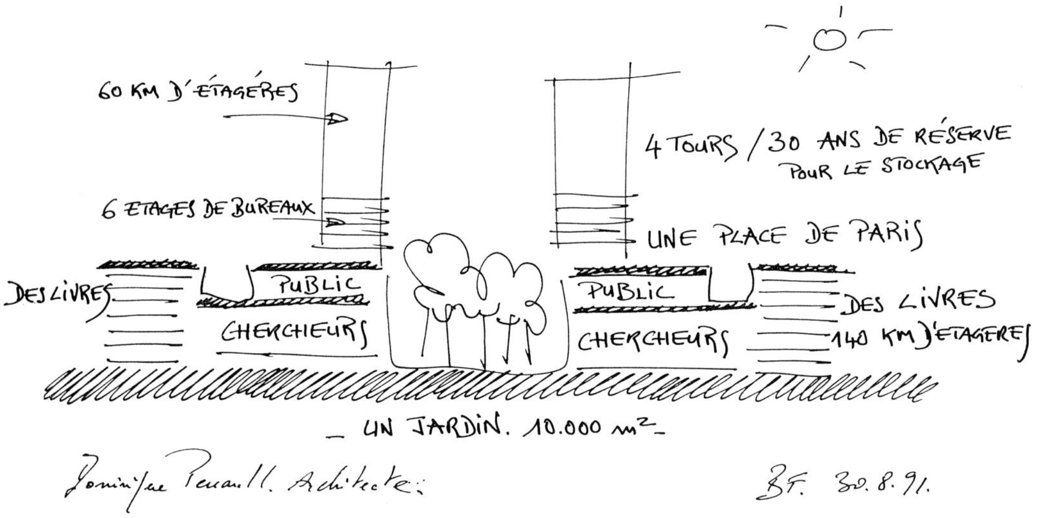

Kürzlich hat Dominique Perrault mit dieser einfachen Skizze der Öffentlichkeit die Idee seines Bibliotheksentwurfs demonstriert. Die Türme – 60 Regalkilometer und Regalreserven für 30 Jahre – sind in den beiden Modellfotos erläutert: Größtmögliche Transparenz und Bücherregale noch in den ganz verglasten Erkern.
Die Schnitte (M 1:250) zeigen, wie die Sockelzone genutzt werden soll.

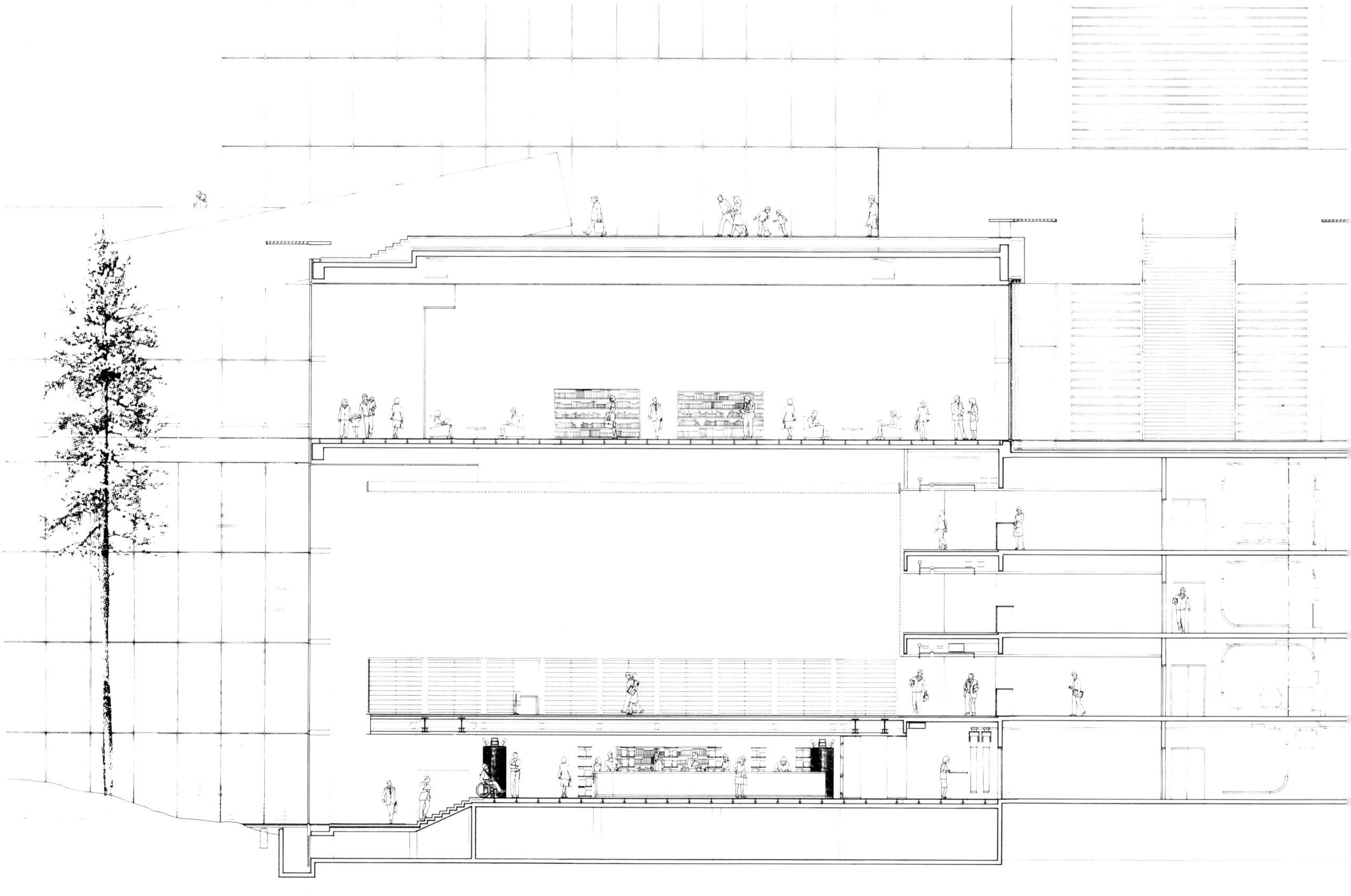

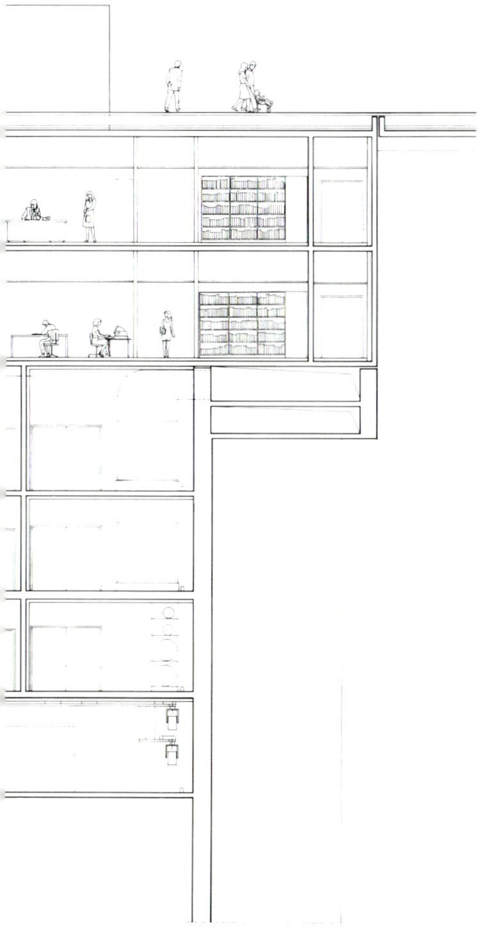

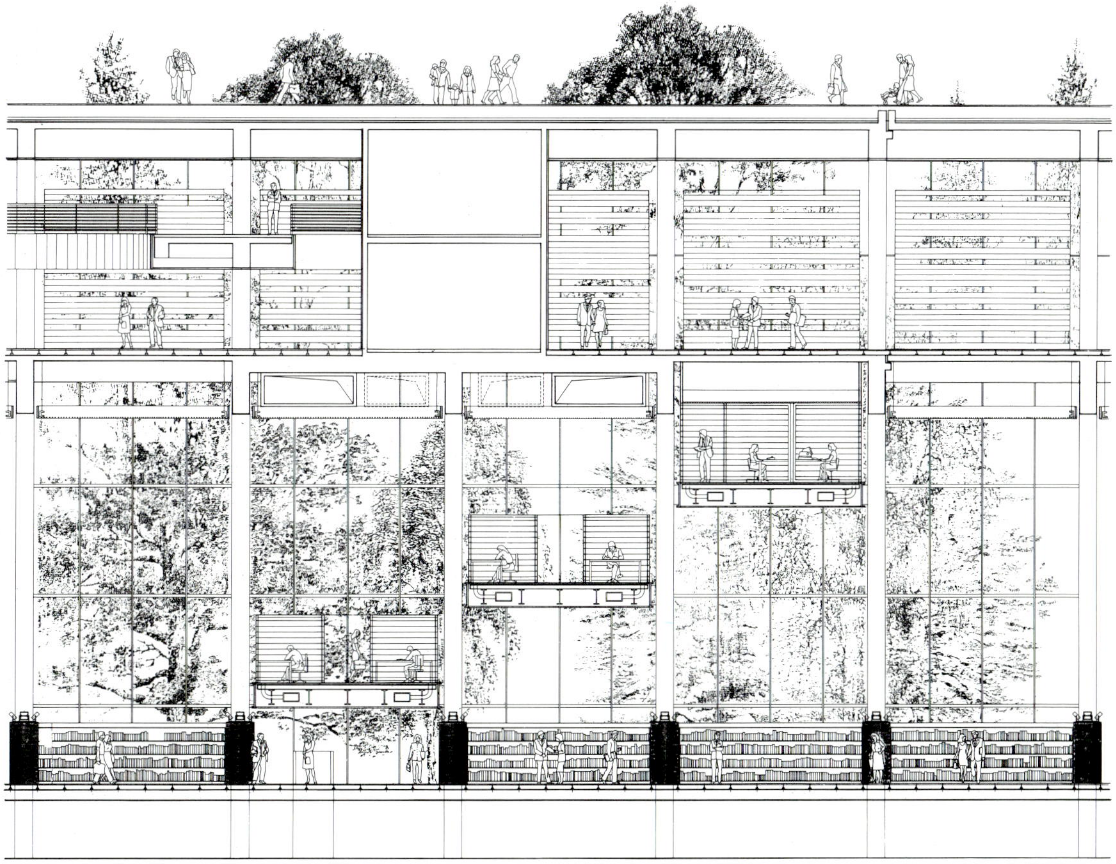

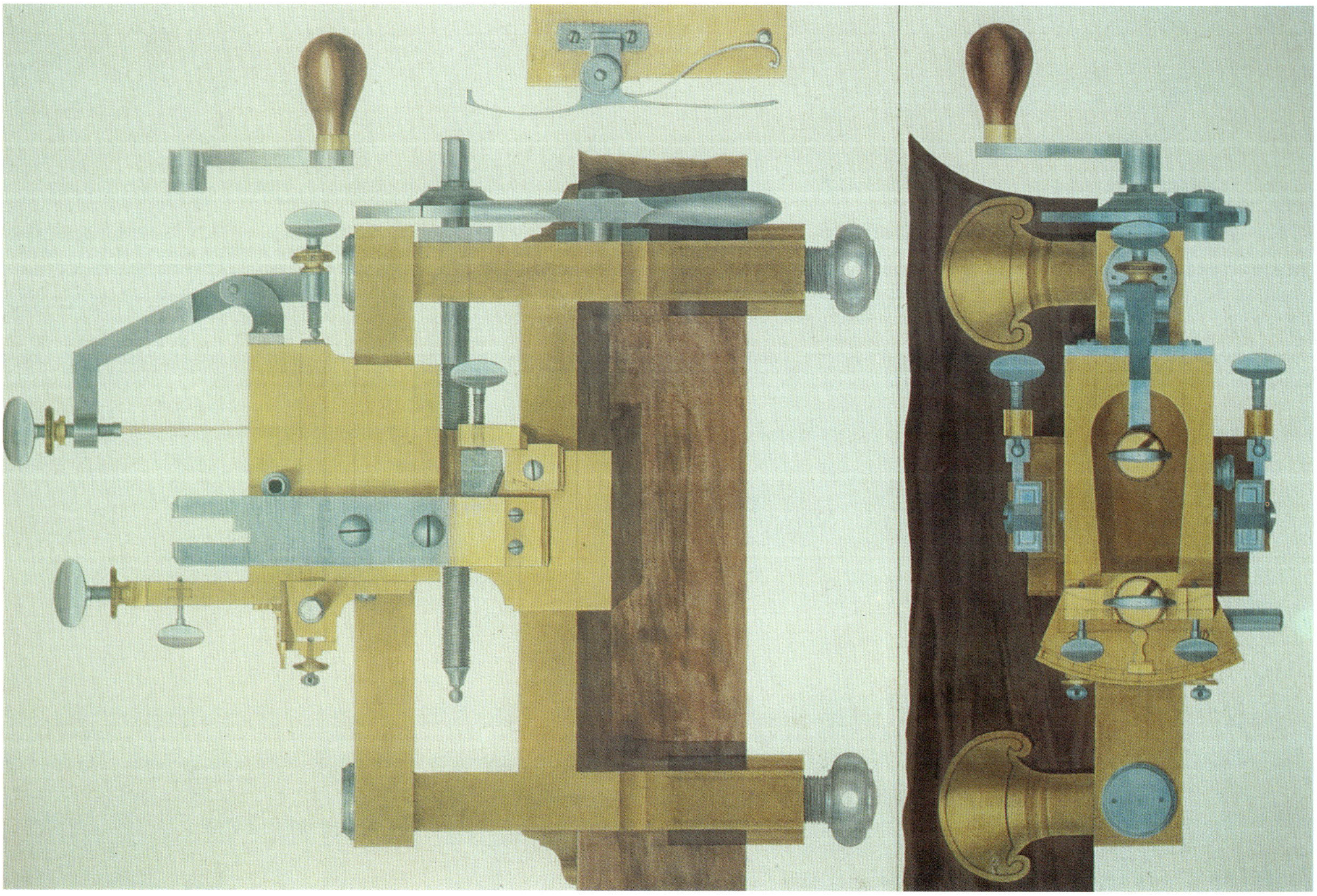

Als im April 1989 Präsident Mitterrand das Projekt Naturgeschichtsmuseum auf den Weg schickte, gab er offiziell die Modernisierung folgender wissenschaftlicher Museen bekannt, die als Teil der Grands Projets in seiner zweiten Wahlperiode Priorität haben sollten: 1. Musée National des Techniques im Conservatoire National des Arts et Métiers, 2. Musée de l'Homme im Palais Chaillot, 3. Palais de la Découverte im Grand Palais, 4. Muséum National d'Histoire Naturelle im Jardin des Plantes.

Diese Museen waren in den vergangenen Jahren etwas benachteiligt gewesen, obwohl sie wichtige Zeugnisse des kulturellen und sozialen Lebens Frankreichs bargen. Sie sollten wieder entsprechend ihrer Tradition und Aufgabe zu neuer Größe gebracht werden.

Unter der Verantwortlichkeit des Secrétaire d'Etat aux Grands Travaux sind architektonische und bauliche Überlegungen angestellt worden und befinden sich zum Teil schon in der Verwirklichung. Das Innere soll durch Architekten und Gestalter zeitgemäß umgewandelt werden, wie es die einzelnen Wissenschaftler für ihren Bereich für notwendig erachten. Diese Zusammenarbeit zwischen Wissenschaftsinhalt und dargebotener Form wird vom Ministère de l'Education Nationale als dem Sachwalter der vier Museen entsprechend gefördert. Jean Hamburger, Präsident der Akademie der Wissenschaften, zur Aufgabe dieser Museen: »Natürlich können auch die Erwachsenen in diese Museen kommen, denn Lernen macht in jedem Alter Spaß. Aber zuerst und hauptsächlich sind die Museen als Bestandteil der Schulen und Universitäten gedacht. Wenn er in der Schule die Theorie gelernt hat, ist der junge Mensch eingeladen, hier die Wirklichkeit zu entdecken.«

Diese vier so unterschiedlichen Museen haben eine gemeinsame Leidenschaft: etwas von jenem Wunder wissenschaftlichen und technologischen Fortschritts weiterzuvermitteln.

Und was über dem Eingang des Musée de l'Homme steht – »Freund, tritt ein, aber nicht ohne Verlangen« –, charakterisiert alle Museen: Ohne das Mittun der Besucher bleiben sie reine Arsenale von Schätzen, Zeugen und Kenntnissen.

Diese vier Museen sind zwischen 1792, dem Beginn des Nationalkonvents, und 1937, während der kurzen Zeit der Volksfront, geschaffen worden und sind mit den verschiedenen Facetten des geschichtlichen Bewußtseins der Franzosen vergleichbar: die biologische und kulturelle Evolution, die moderne Technikentwicklung und schließlich die fundamentalen Entdeckungen.

Aber sie sind keine statischen Einrichtungen, dürfen es nicht sein, weil die Anforderungen, die die jeweilige Epoche an sie stellt, ständigem Wechsel unterworfen sind. Heute lauten sie: die hier gesammelten Erfahrungen nicht nur wie bisher wissenschaftlich aufarbeiten und bewahren, sondern sie demokratisieren, also einer nicht unbedingt fachlich hochqualifizierten Öffentlichkeit weitergeben.

Wie alle politisch bestimmten Projekte unterlagen auch diese vier Museen wechselnden Strömungen und Meinungen, weshalb zur Zeit nur bei zweien Konkretes über ihre spätere Form und Nutzung feststeht: das Musée National des Techniques im Conservatoire National des Arts et Métiers und das Muséum National d'Histoire Naturelle, das als letztes Projekt ausführlicher dargestellt wird.

Musée National des Techniques im Conservatoire National des Arts et Métiers

Das Museum ist in der Kirche Saint-Martin des Champs untergebracht, einer früheren Abteikirche aus dem 12. Jahrhundert, die zum Kloster erweitert und vielfach umgebaut wurde. Im Kloster ist das Conservatoire seit 1794 untergebracht.

Sein Gründer war Abbé Grégoire, der damit eine »Sammlung aller neuentwickelten Werkzeuge und Maschinen« begründen wollte, die »Neugier und Staunen wecken« sollte. Zu den frühen Exponaten gehören das Pendel von Foucault (über das Umberto Eco schrieb), Pascals Arithmetikmaschine zum Addieren und Subtrahieren und das erste, mit Dampf betriebene Automobil von Joseph Cugnot, immerhin von 1771. Mehr als nur »Kuriositäten«, die Grégoire sammelte. Die jetzige Ausstellung von Motoren, anderen technischen Geräten und Zeugnissen technischer Gestaltung ist durch den Gegensatz von gotischer Gebäudehülle zu modernen Maschinen nicht ohne Reiz. Doch jenseits dieser Ästhetik, die nicht für jeden Besucher erfaßbar und stimulierend ist, kommen bei der jetzigen Aufstellung die angestrebten Demokratisierungs- und Pädagogikabsichten zu kurz, weshalb der Komplex von Grund auf neu inszeniert werden muß. Die geplante Neuordnung wird weni-

Je weniger Gestalt heutige Apparate haben, um so stärker werden wir zu solchen verständlichen Geräten hingezogen, die fast vergessene Zeugen hoher handwerklicher Kunstfertigkeit sind.

ger nach Jahren, sondern nach Themen erfolgen. Sieben große Bereiche sind vorgesehen: Energie, Materialien, Transport, Mechanik, Kommunikation, Konstruktion, wissenschaftliche Instrumente. Verbindungssäle werden die Abhängigkeiten der einzelnen Bereiche untereinander und ihre Befruchtung zeigen. Fragen der notwendigen Erweiterungsmöglichkeiten für das Museum, Schwierigkeiten mit den Raumansprüchen des Conservatoire, Suche nach zusätzlichen Grundstücken in der Nähe führten zu Verzögerungen, doch hat man jetzt eine Entscheidung gefällt: In Saint-Denis, nördlich von Paris, steht ein Depotgebäude kurz vor der Vollendung, das nicht nur die neun Zehntel der vorhandenen, aber aus Platzmangel nicht zeigbaren Exponate aufnehmen kann, sondern auch genügend Platz für Neuerwerbungen hat.

Das Museum bleibt am alten Platz, behält seine Ausstellungsfläche von 9.000 qm, geringer Tausch zwischen Museum und Conservatoire.

Seit Juli 1991 läuft ein Gutachterverfahren unter zehn eingeladenen Architektenbüros. In ihm soll die Frage des Eingangs, der in den Chor verlegt werden soll, und ein typischer Museumsteil als Pilotentwurf für die sieben großen Bereiche des Museums geklärt werden.

Wer der Architekt sein wird, steht zur Zeit noch nicht fest. Doch soll die Wiedereröffnung im Oktober 1994 sein – hoffentlich mit den Bréguet-Oldtimern im gotischen Chor.

Für die beiden anderen Museen werden zur Zeit interne Überlegungen zur Renovierung und Modernisierung mit entsprechenden wissenschaftlichen Szenarios angestellt.

Musée de l'Homme

Das Museum wurde anläßlich der Weltausstellung von 1937 als Teil der »Musées de la Colline« eröffnet. Gründer war der Schöpfer der modernen Museologie und des ICOM (International Council of Museums), Georges Henri Rivière. Es verbindet Forschungseinrichtungen für Vorgeschichte, Anthropologie und Ethnologie mit einem öffentlichen Museum, das jede Facette der Menschheit ausstellt – von ihren Ursprüngen, Evolution und biologischen Unterschieden bis zu ihrer Umwelt und Geschichte ihrer Zivilisation. Es gibt mehr als eine Million Exponate, die Zeugnis von präkolumbischer Kultur, Höhlenzeichnungen aus der Sahara, neuen archäologischen Ausgrabungen, kurz, über die Herkunft, die Sitten und das Wesen der Menschen geben.

Erste Schritte einer Umgruppierung wurden gemacht. So hat man, gewissermaßen als Probelauf, im Musée de l'Homme eine Ausstellung »La Nuit des Temps« veranstaltet, der 1992 eine über die Entdeckung der beiden Amerika (»Découverte des Amériques«) folgen wird. Diese soll die Neuordnung der Ethnologie-Sammlung zeigen und dem Haus Gelegenheit geben, der breiten Öffentlichkeit die wunderbaren ibero-amerikanischen Objekte erneut ins Bewußtsein zu bringen.

Palais de la Découverte

Auch das Palais de la Découverte hat 1937 als Jahr der Entstehung. Damals nannte es sich »Les Arts et les techniques dans la vie moderne« und die wichtigsten Wissenschaftler der damaligen Zeit erarbeiteten unter dem Nobelpreisträger Jean Perrin das Konzept.

Es ist das erste interaktive Wissenschaftsmuseum der Welt und hat sein Schwergewicht auf die Vorführung von Experimenten gelegt, an denen die Besucher sich aktiv beteiligen sollen. Demgegenüber ist das Bewahren der Exponate in den Hintergrund getreten. Das reicht vom spielerisch eingerichteten »Heureka«-Raum bis zu dem Experiment mit Seifenblasen, das auf mathematisch-physiochemische Gesetzmäßigkeiten der Minimaloberflächen (in Deutschland die Forschungen von Frei Otto beispielsweise) hinführt. Oder auch der Nachthimmel, der die »Ungenauigkeit« von Planetoiden zeigt; die DNS-Doppelspirale, wie Leben entsteht; das ist Thema einer Darbietung von Jean Rostaud, die den Titel »Die Lotterie der Herkunft« trägt. Im Palais de la Découverte arbeitet der Bühnenbildner Richard Peduzzi zusammen mit dem verantwortlichen Architekten und dem Direktor des Hauses an einem neuen museologischen Konzept und an den sich daraus ergebenden räumlichen Neufassungen. Bis zu einer halben Million Besucher (70 % davon jünger als 25 Jahre) hat jährlich das Palais, das der »Figaro« als den Tempel bezeichnete »zu Ehren des wissenschaftlichen Fortschritts, Retter der Menschheit. Das Experiment ist seine Liturgie.«

Muséum National d'Histoire Naturelle

Die Aufgabe bei diesem Museum lautete, aus einer riesigen Ansammlung von Exponaten das erste Museum der Welt zu schaffen, dessen alleiniges Thema die Evolution der Lebewesen heißt – Lebewesen, die Insekten und Saurier, Vögel, Fische und Säugetiere sein können –, und deren ständige Veränderungen zu zeigen, von unvorstellbar weit zurückliegender Vorzeit bis in unsere Tage. 600 Millionen Jahre Entwicklungsgeschichte heißt das Ausstellungsthema.

Das Museum wird den Hauptbau – la Grande Galerie de Zoologie – der Schauhäuser im Jardin des Plantes einnehmen.

Jules-Louis André (1819–1890) war der Architekt dieses Gebäudes, dessen steinerne Stilfassaden eine höchst elegante, modern konzipierte Eisenkonstruktion für die Halle und die umlaufenden Galerieebenen umschlossen. Er war Schüler von Labrouste, dem Architekten der Bibliothèque Nationale, erhielt 1847 den begehrten Prix de Rome und wurde 1867 Chefarchitekt des Museums, das am 25. Juli 1889 eröffnet wurde.

Seit den ersten Jahren seines Bestehens hat sich die Wissenschaft weiterentwickelt, und die Meinung, wie man Exponate ausstellen muß, ist heute in entscheidenden Fragen anders geworden. Während vor 150 Jahren Artenreichtum und seine Klassifizierungen, gepaart mit der Faszination des Exotisch-Unbekannten die Wissenschaftler beschäftigten, ist es heute das Thema der Evolution und dessen Aufbereitung in pädagogischer Hinsicht. Aus einer Sammlung, wie sie damals die Enzyklopädisten anstrebten und deren Ziel die größtmögliche Vollständigkeit war, soll nun fast das genaue Gegenteil entstehen. Einzelthemen werden durch nur wenige, aber typische Exponate erläutert werden, damit der Besucher, der in der Hauptsache ein wissenschaftlicher Laie sein wird, statt von der geistig nicht mehr aufzunehmenden Vielfalt erdrückt zu werden, anhand einiger Teilprobleme in die Naturgeschichte eingeführt wird. Diese Idee ist auch im Einklang mit dem Nationalrat für Lehrprogramme: Das Bewußtsein für die Einheit der lebendigen Welt in ihrer Verschiedenartigkeit zu wecken, in der kleinen Zelle die Grundstruktur jener Einheit zu erfassen und die Idee der Evolution wie einen Ariadne-Faden in der Biologie zu verfolgen.

Das wirkliche Problem bei den Umbauarbeiten besteht, so der Architekt Paul Chemetov, darin, den Prototyp einer vergangenen Architektur, ein vergangenes Museumskonzept und eine ebenso vergangene Wissenschaft in ein aktuelles Museumskonzept zu integrieren. Dafür hat allen Beteiligten der Staat Mittel in Höhe von 400 Millionen Francs bewilligt.

Der schlechte Bauzustand des Museums trug dazu bei, daß man 1965 die schon damals als veraltet geltenden Sammlungen schloß. Die neuen Museums- und Pädagogik-Konzepte sollten durch eine Umorganisation ermöglicht werden, deren Voraussetzung eine grundlegende bauliche Sanierung und Umgestaltung war. Dafür wurde 1987 ein Wettbewerb veranstaltet, den die Architekten Paul Chemetov und Borja Huidobro gewannen.

Ihr Konzept hält den Grundtenor des Altbaues bei, möchte diesen aber durch behutsame Veränderungen in seiner Wirkung noch steigern. So behalten sie das alte Erdgeschoßniveau bei, verlegen aber den Eingang an die Rue Geoffroy-Saint-Hilaire, um das Museum unabhängig von den Öffnungszeiten des Jardin des Plantes zugänglich zu machen. Gleichzeitig durchstoßen sie den Boden der großen Halle mit großen Öffnungen, wodurch das Sockelgeschoß auch optisch stärker in das Museum integriert wird. Außerdem schaffen die Öffnungen gute Gelegenheit, die einzigartigen Tiernachbildungen aus der Sammlung des Duc d'Orléans als Beispiele für die Vielgestaltigkeit der Tierwelt auszustellen.

Die U-förmig um die Halle gelegten Galerien haben die Architekten mit Glasaufzügen und neuen Treppenläufen verbunden. Hier werden mit kleineren Tieren die Vielfalt der Tierwelt, dann die Geschichte des Lebens, die Mechanismen der Evolution sowie Natur und Menschen dargestellt.

Im Untergeschoß werden die in der Öffentlichkeit beliebten Wechselausstellungen Platz finden, die ebenso wie die Dauerausstellungen unter pädagogischen Aspekten geplant und gestaltet werden. Dafür werden insgesamt 7.000 qm Ausstellungsfläche zur Verfügung stehen. Die Halle mißt etwa 55 x 27 m, was etwa 1.500 qm bedeutet. So groß ist auch das Untergeschoß, so daß in den Galerien etwa noch 4.000 qm Ausstellungsfläche vorhanden sind.

Man rechnet damit, daß im Jahr 1993 das Haus wiedereröffnet werden kann. Das genaue Datum konnte man in *Le Monde* vom 26. April 1991 lesen: Es wird der 20. Dezember sein.

Das Conservatoire des Arts et Métiers in St.Martin des Champs – für Ästheten und Genießer sicher ein faszinierendes Zusammenspiel von früher Architektur und früher Moderne. Doch eigentlich ist das nur ein Depot, auch wenn neueste Motoren hinzugekommen sind. Für den vom Präsidenten geforderten pädagogischen Inhalt der letzten Museumsumbauten sind solche fast naive Sammlungen wenig brauchbar.

Das Palais de Chaillot, 1935–37 von den Architekten Carlu, Boileau und Azéma in dem damals auf der ganzen Welt bevorzugten trockenen Klassizismus errichtet, ist imposantes Ende jener Achse von der Ecole Militaire über Champ-de-Mars und Eiffelturm. In seinem rechten Flügel ist das Musée de l'Homme untergebracht.

Grand Palais und darüber Petit Palais von Westen. Rechts die Seine, diagonal verlaufend die Champs-Elysées und Place de la Concorde, im Hintergrund die Madeleine. Architekten der beiden Bauten waren Deglane, Louvet und Thomas.
Die Gebäude wurden anläßlich der Weltausstellung von 1900 errichtet. Im Westflügel (vorne auf dem Bild) ist das Palais de la Découverte beheimatet.

Die frühere »Galerie de Zoologie«, eine Mischung aus zukunftsweisender Architektur und total veralteter Museumskunde.
Was die Architekten mit ihrem Umbau erreichen wollen, ist die Entrümpelung der Exponate, die Öffnung der großen Halle in die Umgänge und in das Untergeschoß hinein, damit beide, Bau und Ausstellungsgut, optimal zur Geltung kommen.

Architektenverzeichnis

La Grande Arche
Architekt: Johan Otto von Spreckelsen mit Paul Andreu

Le Musée d'Orsay
Architekten: ACT Architecture (Pierre Colboc, Renaud Bardon, Jean-Paul Philippon)
Innenausbau: Gae Aulenti

Centre de Conférences Internationales de Paris
Architekt: Francis Soler

Le Grand Louvre
Architekten: Pei Cobb Freed & Partners mit Michel Macary, Italo Rota, Gérard Grandval und Jean-Michel Wilmotte

L'Institut du Monde Arabe
Architektengemeinschaft Jean Nouvel, Pierre Soria, Gilbert Lezènes und Architecture Studio (Martin Robain, Jean-François Galmiche, Rodo Tisnado, Jean-François Bonne)

»La Villette«
Architekt: Bernard Tschumi

La Cité de la Musique
Architekt: Christian de Portzamparc

La Grande Halle
Architekten: Bernard Reichen und Philippe Robert

La Cité des Sciences et de l'Industrie
Architekt: Adrien Fainsilber

Le Zénith
Architekten: Philippe Chaix und Jean-Paul Morel

L'Opéra de la Bastille
Architekt: Carlos Ott
Assoziierte Architekten: Saubot und Julien

Le Ministère de l'Economie, des Finances et du Budget
Architekten: Paul Chemetov und Borja Huidobro (Bauten A, B, C), Louis Arretche, Roman Karazinski, V. Ciocardel (Bauten D, E), Emile Duhart-Harosteguy (Wohnbau)

La Bibliothèque de France
Architekt: Dominique Perrault

Muséum National d'Histoire Naturelle
Architekten: Paul Chemetov und Borja Huidobro

Fotonachweis

Raoul Arroche 24 (u)
Patrice Astier 60 (ol)
Jean-Louis Berger / EPPV 77, 110
Luc Boegly / Archipress 23
Nicolas Borel 40, 42, 43, 80, 82, 85, 86, 87 (4), 88, 89 (3), 93
François-Xavier Bouchart / EPPV 79 (2), 96 (r), 103 (u), 108 (u)
Claude Bricage 25, 32 (o), 149 (o)
René Burry / Magnum 116 (u)
Stéphane Couturier /Archipress 54, 56, 107 (M, r), 109
Gérard Crossay / Ministère de l'Equipement 105
Jean-Michel Dauba 48
Michel Denancé 139 (2), 141 (2)
Michel Desproges 115
Dumage / Studio Littré 139 (o), 149 (u)
Etablissement Public du Grand Louvre 52 (o, u), 60 (u)
Etablissement Public du Parc de la Villette 77, 94
Georges Fessy 12, 66 (u), 67, 69, 71, 72 (2), 73, 130 (o), 131, 133
Jean-Yves Grégoire 101, 107 (l), 108 (o)
Philippe Guignard 18
Guy Hersant 92 (u)
Institut Géographique National, Paris 10/11
Interphototèque Documentation Française, Brigaut 148
Interphototèque Documentation Française, Philippe Guyomard 28, 46, 62, 98, 112, 122, 134, 147
Pierre Joly / Véra Cardot 70 (o)
Kleinefenn / Moatti / Sipa-Press 116 (o), 119, 120 (u), 121
Eric Lessing / Magnum 120 (o)
Paul Maurer 24 (o)
Ministère des Finances 128, 132
Musée National des Techniques / CNAM / Paris / Jean-Marie Courant / DEPHTI 142
Musée National des Techniques / CNAM / Paris / Arnaud Legrain 146 (o)
Musée National des Techniques / CNAM / Paris / Sandrine Villain 146 (u)
N'Diaye / EPGL 53 (u), 103 (o)
Pierre Pitrou / IMA 66 (o)
Jim Purcell 30, 32 (u), 38
Deidi Von Schaewen 15, 21, 27 (o, u), 34, 36, 37 (2), 39, 70 (u)
Bernard Tschumi 74, 78 (2)
Oliver Wogenscky 117 (2)
Alfred Wolf 53 (o), 60 (or), 97 (l), 130 (u)